坂井榮八郎著

ドイツ史10講

岩 波 新 書

826

目　次

目　次

中扉写真提供：WPS（第1、2、4〜9講）
著者（第3講）

第 *1* 講

ローマ・ゲルマンの世界から フランク帝国へ

ラファエロ画「カール大帝の戴冠」

関係年表

紀元 9	「トイトブルクの森の戦い」
90 頃	ライン・ドナウ川間にリーメス(辺境防壁)の建設始まる
98	タキトゥス『ゲルマーニア』
375	ゲルマン民族大移動開始
395	ローマ帝国東西に分裂
476	西ローマ帝国滅亡
481 頃	フランク・サリ支族の王クローヴィス，「フランク人の王」となる(メロヴィング朝)．クローヴィスは 496 頃カトリックに改宗
719	ボニファーティウスのドイツ伝道始まる(754 殉教)
751	カロリング家のピピン(小)フランク王となってカロリング朝を開く
772	ザクセン戦争(～804)．ピピンの子カール，北ドイツのザクセン族を平定
800	カール，ローマの帝冠を受ける

1　ドイツ史のあけぼの――ある戦場跡をめぐって

古代日本の「くに」の一つの跡であろうと思われる佐賀県の吉野ケ里遺跡や、広範囲の交易活動があったことを示して「縄文時代」のイメージの修正を促した青森の三内丸山遺跡、また奈良県明日香村の酒船石遺跡での亀形石の出土など、日本では近時、学界を越えて広く社会の注目を浴びるような考古学上の発掘・発見が――なかには芳しからぬ遺物捏造のニュースもあるが――ひきもきらない。

「トイトブルクの森の戦い」

この点、ドイツはどうだろうか。私は考古学者ではないのでそう詳しくは知らないが、つい最近、少なくとも吉野ケ里遺跡に匹敵する、あるいはそれよりももう少し意味が重いかもしれない遺跡の発見があった。タキトゥスなどローマの史家によって伝えられ、しかしその場所が分からなかった「トイトブルクの森の戦い」の戦場跡が、発掘と考古学的研究によって発見・確認されたのである。これは日本ではまだあまり知られていないと思うので、まずこのことの紹介から話を始めようかと思う。

紀元後九年、これはローマ帝国の初代皇帝オクタヴィアヌス、尊称アウグストゥスの時代なのだが、その前にカエサルがガリア(いまのフランス)からライン川までをローマの版図に入れたあとを受けて、アウグストゥスは、さらにラインの東側ゲルマーニアをも平定しようとして軍を送った。そしてローマ軍ははるか東、エルベ川にまで至っていたのだが、紀元九年、ウァールス将軍率いるローマの三軍団が「トイトブルクの森」で、ケルスキー族の首長アルミニウスの率いるゲルマン部族軍に急襲されて惨憺たる敗北を喫し、ウァールスは自決、軍団は壊滅した。この知らせを受けたアウグストゥスは非常な衝撃を受け、「クィンティリウス・ウァールスよ、軍団兵を返してくれ」と何日も喚き続けていたと伝えられるが、ともあれこの敗戦の躓きで、彼はライン・エルベ両川間の地域の征服を断念したとされている、そういう戦いである。その意味でタキトゥスもアルミニウスを「ゲルマーニアの解放者」と呼んだのである(『年代記』第二巻)。

「ゲルマーニアの解放者」アルミニウス

だから、読者も容易に想像できるだろうが、タキトゥスその他この戦いに触れたローマの史書が、人文主義者によって十六世紀初頭にドイツに知られて以後、アルミニウスはローマを破ったゲルマンの英雄として、たいへん人気のある存在となった。古代の日本のことが『後漢書』や『魏志』といった中国の史書によって日本に伝えられたように、古代ゲルマンの世界のことも、タキトゥスの『ゲルマーニア』などローマの史書によってドイツに伝えられたのであって、「アルミニウス」像も、ゲルマンの古代世界で成立したのではなく、近世人文主義によるローマの文物摂取の過程で生まれた、いわば近世の産物なのだ。ともあれ近世以降、文学・劇作においてだけでも、人文主義者の帝国騎士ウルリヒ・フォン・フッテンの「アルミニウス」(一五一五―二〇頃)をはじめとして実に沢山のアルミニウス劇が書かれている。

その中でもっともポピュラーなのが、反ナポレオンの愛国詩人ハインリヒ・フォン・クライストの「ヘルマンの戦い」(一八〇八)である。ヘルマンはアルミニウスのドイツ名で、ここではローマがフランスと二重写しになり、この激烈な反ナポレオン劇以後、アルミニウスないしヘルマンは、ドイツにおける反フランス的ナショナリズムのシンボルとなった。そして一八四一年に起工され、一八七五年に皇孫(のちの皇帝ヴィルヘルム二世)臨席の下で除幕されたデトモルト市郊外(戦場推定地の一つ)の「ヘルマン記念像」は、国民の醵金と国会決議による資金援助で完成した文字通り全国民的な愛国的、そして多分に軍国主義的な記念碑となったのだ。その軍国ドイツが第二次世界大戦で崩壊したのちすでに半世紀以上を経た今日となっては、昔の軍国ナショナリズムの反面教師的記念碑としか言いようがなくなっているけれども。

戦場跡の発見

しかし、ともあれこのようにドイツの「国民史」と深く関わる戦いだったから、どこかに確かにあるはずのこの戦場の跡を見つけ出そうとする試みは、日本における邪馬台国発見の努力と同じくらい長く続けられてきた。それがつい最近、とうとう見つかったのである。場所は、ウェストファリア条約調印の地として知られる北西ドイツ、オスナブリュック市の北約二〇キロの現地名「カルクリーゼ」という農村というか山村地帯。「トイトブルクの森」(オスナブリュック近郊を北端とする帯状山地)からは少し外れているが、山と沼地にはさまれた土地であるのはタキトゥスの記述通りである。

ここは実は、十九世紀の大ローマ史家テーオドール・モムゼンがその戦いの場所と推定し、ただしこの説を支持する人は少なかったという場所である。この場所で一九八七年、イギリスの一アマチュア考古学者が金属探知機を使ってローマのコインの団塊を発見したのが手掛かりとなり、一九八九年以後本格的な発掘が始まると、あちこちから広範囲にわたってローマ時代の金・銀・銅貨をはじめ、武具、工具、人骨(すべて壮年の男。傷痕を残すものもある)などが続々と出てきた。そして委細は省くが、コインがすべて紀元九年以前のもので(裏に「ウァールス」の刻印のあるものを含む)、それ以後のものは皆無ということが決め手になって、これが「トイトブルクの森の戦い」の戦場跡と同定された。いまは「ウァールスの戦い」という方が普通になっているが、現地には記念の博物館と歴史自然公園が建設され、二〇〇一年に開館されている。

英雄の神話化と脱神話化

ローマとゲルマンの有名な戦いの跡が発見されたと言っても、いまのドイツ、あるいはオスナブリュックを中心とする現地の研究者の間では、およそナショナリズム的な雰囲気など、かけらも感じられない。この大きな発見が日本にまるで聞こえてこないことも、ナショナリズム的センセーションを警戒する、今日のドイツの研究者や知的公衆の姿勢と無関係ではないように思われる。そして私が多少関わっている現地の学界の動向を見れば、そこにはアルミニウスないしヘルマン像の「脱神話化」ともいうべき動きがはっきりと見て取れるのである。

アルミニウス像の脱神話化は、もちろん、それがいかに「神話化」されて行ったか、そして人がその神話によって現実にいかに動かされたかの研究を含んでいる。たとえば一九一四年八月、第一次世界大戦の開戦に当たり、ドイツ帝国皇帝ヴィルヘルム二世が「わが国民へ」の布告において、「余はもはや党派を知らず、ただドイツ人を知るのみ」と言ったことはよく知られているが、彼はここでまた「ドイツは、それが統一されている限り不敗であった」とも言っている。この「統一」と「強さ」の結びつきは、他ならぬ皇帝自身その除幕に立ち会ったデトモルトの「ヘルマン記念像」の長さ七メートルの巨大な剣に刻された銘文「ドイツの統一はわが強さ——わが強さこそドイツの力」と二重写しになる。そして間もなく始まった秋の演劇シーズンの開幕を、ベルリンのシラー劇場は、すでに国民的祝典劇となっていたクライストの「ヘルマンの戦い」で飾ったのだ。終演後舞台からフランス戦線の勝利のニュースが告げ知らされ、観客は全員立ち上がって「ドイツ、ドイツ、世界に冠たるドイツ」を歌ったという。

「神国日本」と「鬼畜米英」の合唱の中で育った世代のものとしては、これはもちろん他人事ではない。

しかし、ドイツ人にとって「ヘルマン」は常に反ローマ・反フランスの不死身の英雄であった、などと考えたら、また別の「神話」の虜になることになる。端的に言って、ヘルマンがそういう英雄になったのは、十九世紀初頭、対ナポレオン解放戦争時代のクライストの「ヘルマン」以降のことなのだ。その前のヘルマンは違う。それは、たとえば十八世紀のオスナブリュックの人、ユストゥス・メーザーの「悲劇・アルミニウス」(一七四九)を読めば明らかである。なおこのメーザーという人は「歴史主義」の祖とも言われる歴史家、またゲーテにも大きな影響を与えた保守的な社会啓蒙家で、私はこの人のことを調べるために何度かオスナブリュックに行っているうちに「ウァールスの戦い」の戦場跡発見のことも知ったのである。

国民主義的歴史解釈の危険

メーザーの「アルミニウス」もタキトゥスに基づいているが、主題はローマとの戦いではなく、戦いのあとのゲルマン諸部族首長間の内訌である。ドイツの小国分立がローマの支配をもたらしたと見るアルミニウスは、ドイツの王となって部族諸国家の統合を果たそうとするが、ローマに忠実な政敵ジーゲストは、そこに「ドイツの自由」を脅かす専制の危険を見て取る。「ドイツの自由」というのは、宗教改革の時代以来、皇帝権力の強大化に対して抵抗したドイツ諸侯の合言葉であり、アルミニウスが「啓蒙専制君主的」であることと相まって、この作品にはそれが書かれた十八世紀ドイツの時代相が色濃くにじみ出ている。ともあれアルミニウスはジーゲストの娘トゥスネルデを略奪婚的に妻とし(これもタキトゥスが伝える事実である)、そのこともからんで両人は激しく対立、ジーゲストはアルミニウスを殺そうとする。そして暗殺を息子のジギスムントに命ずるが、ジギスムントは「ドイツの自由」と父親の命令と、そして親友アルミニウスへの友情の板挟みになって自殺する。そしてアルミニウスは、一旦捕らえながら妻の懇請に動かされて縄を解いたジーゲストに刺されて死ぬ。劇作品としての評価はともかく、十八世紀の時代状況が映しだされて興味深い。そしてこれ自体が十八世紀の時代相とも言えるが、反フランス的ナショナリズムの匂いなど全く嗅ぎとれない。

そしてさらに言えば、アルミニウスは実はフランスでも結構人気があった存在だったのだ。それを意外と思う人もいるだろうが、タキトゥスなどラテンの文物はドイツだけでなく、ヨーロッパ全体の共有財であったし、「アルミニウス」は「恋愛物」となることもできた。十七世紀と十八世紀に、イタリアやイギリスも含め、全ヨーロッパで五十以上の「アルミニウス」オペラが上演されている。多くは「恋愛物」仕立てらしい。

しかしまた、フランスの啓蒙思想家モンテスキューが、彼のいう「自由な国制」(貴族身分によって制限された君主制)の起源を「ゲルマンの森」に見たように、「ゲルマンの自由」はブルボン朝の専制に対する批判の隠喩になることもできた。だからこそ、メーザーと同時代のシュレーゲルという人が、フランスの恋愛物の「アルミニウス」を下敷きにして主題を「ゲルマンの自由」に移した別の「アルミニウス」を書き、それがフランスで改めて脚色されてコメディー・フランセーズで上演される(一七七二)といったこともあったのである。

反フランス的ナショナリズムのシンボルとして神話化された他ならぬアルミニウスをめぐるドイツとフランスの文学界のこのような「国際交流」を見れば、歴史的文学主題の一方的に「国民主義的」な解釈がいかに歴史を曲げるかが明らかになる。アルミニウスの「脱神話化」ないし「脱国民主義化」が求められる所以である。

ヨーロッパの中のドイツ

アルミニウスを「ゲルマーニアの解放者」としてだけ見ていては歴史を見誤る。これはしかし、アルミニウスだけの、あるいは文学史だけのことだろうか。「ドイツ史」そのものについても言えるのではないだろうか。従来ドイツ史は、ドイツ側からも、ドイツの外側でも(とりわけ日本においては)、良きにつけ悪しきにつけ、それがいかに西欧、特にフランスと違っていたかを強調する形で語られてきた。フランス的文明の柔弱さに対するドイツの精神文化の雄渾さが大いに賞揚されたような時代もあった。第二次大戦後は一転して、フランスが民主的国民国家として模範的ないし「正常な」発展をしたのに対し、ドイツは「特殊な道」にはまりこんだ国だ、とするような見方が一般的になった。いずれにしてもドイツとフランスは対比的または対立的に捉えられる二つの国と見られてきたのである。もちろん、私もそれがすべて間違っているなどと言うつもりはない。対比的考察にも十分な根拠がある。しかしドイツもフランスも、大きく捉えれば共にローマ帝国時代に一緒に歴史に登場し、フランク帝国を共通の歴史の基盤として発展した同じヨーロッパの国なのだ。ドイツ史を見る上でも「ヨーロッパの中のドイツ」の視点がもう少しあっていいのではないか。

こういうとき、私はもちろん、いまドイツとフランスがいわば車の両輪になってヨーロッパ統合が押し進められている現在のヨーロッパの動きを念頭に置いている。つい半世紀前まで、はげしく対抗心を燃やし、憎しみ合い、戦争を繰り返してきた両国がいま協力してヨーロッパ統合を目指すのは、米ソ両大国にはさまれたヨーロッパという国際状況に規定されてきたところが大きかったにしても、やはり同根の歴史をもつという意識なしにはあり得ないことであろう。その意識の根を掘り起こすことは、歴史家が取り組むべき当然の課題である。

この「10講」において、私はできる限りドイツの歴史をヨーロッパの歴史の中に置いて語りたいと思う。「われわれはドイツのヨーロッパではなく、ヨーロッパのドイツを欲する」とトーマス・マンは言い、この言葉をモットーとしてドイツの外相ゲンシャー(在任一九七四―一九九二)はヨーロッパ統合を押し進めたが、私もまた、ドイツが本当に「ヨーロッパのドイツ」となってゆくことを念じつつ、できるだけヨーロッパのコンテクストの中でドイツの歴史を描こうと思う。もちろん、ヨーロッパを征服しようとしたドイツも含めて、である。どこまでできるか、それはまた別の問題であるが。

2　ローマ帝国時代のドイツとヨーロッパ

ローマ帝国とゲルマン人

さて、ここで話をまた古代ゲルマンの世界に戻し、以後要点だけかいつまんで述べておく。紀元前三世紀頃より北方バルト海方面から南下してきたゲルマン人諸部族は、先住のケルト人を追い出す形で、ローマ人がゲルマーニアと呼んだライン川東側の今のドイツ西部に住み着き、さらにライン川を越えて西方ガリアにも入り込んだ。これをライン川の線まで押し戻してライン左岸のガリア全体をローマの属領としたのがカエサルで、その後アウグストゥスはさらに進んでゲルマーニアをも平定しようとしたのだが、それが「トイトブルクの森の戦い」で挫折した。実はこれ一回でことが決まったのではなく、その後もローマ側は何度か軍事行動を起こしているのだが、ここでは委細は省き、結果だけを記すと、ゲルマーニアの直接的な支配は断念して軍を引き揚げ、今度はライン・ドーナウの国境を固めることに専念するようになった。そしてゲルマン人の侵入を防ぐためラインとドーナウの間、ラインはいまのボンの南から、ドーナウはいまのレーゲンスブルクの近くまで、途中でマイン川を越えて延々五五〇キロにわたり「リーメス」という長城的土塁を築いたのだった。

紀元九〇年頃から一六〇年頃までかかってつくられたこのリーメスは、土壕・土塁に木柵が基本だから、中国の万里の長城ほど立派なものではないが、それでも監視塔は一千を越え、要所要所に兵士の駐屯する城砦を配している。もちろんラインやドーナウに沿っても多数の城砦や城砦的都市を建設しており、ライン川(ローマ名レーヌス)で言えば、ケルン、ボン、コブレンツ、マインツ、ドーナウではレーゲンスブルク、パッサウ、それにウィーンもローマ起源の都市である。この、ライン―リーメス―ドーナウの線が、まずはローマの世界とゲルマンの世界を分ける線となる。

ヨーロッパの三つの境界線

オーストリアの歴史家ミッテラウアーは、中世「ヨーロッパ」の社会構造の発展を地域空間と関連づけて考える場合、三つの境界線を頭に置いておくとよい、と言っている。第一はローマ帝国の北方の境界線、第二にカロリング朝フランク帝国の境界線、そして最後に東西両キリスト教世界の境界線(一五五頁**地図1**参照)。これはこの人の卓見というよりは、多くの人に共有されている歴史的常識のようなものの定式化と言った方がいいと思うが、ともあれ、その第一の線がこのライン―リーメス―ドーナウの線である。この線の西ないし南側はローマ帝国に属し、今日のドイツ地域だけをみても、上述のようにローマ起源の都市が多数あるほか、ラインの支流モーゼル川の上流にある古都トリーアのように、ローマ帝国のアルプス以北地域最大の宮廷・行政都市として発展した所もある。トリーアに行けば、いまも残る市の大門や闘技場、宮廷や浴場跡に往時の繁栄ぶりをしのぶことができる。

しかし、いまのドイツの一部がこのようにローマ化した時代をもったとしても、このローマ・ゲルマンの境界線がドイツのその後の政治的・社会的発展をどれほど規定したかと言えば、ローマが遺した道路網や、旧ローマ都市に結びついた都市づくりなど、旧ローマ領地域にいろいろ「余得」を残したとはいえ、社会構造を後々まで規定するような影響はまず無かったと言ってよい。リーメスなどもローマ・ゲルマン両世界を完全に遮断したわけではなく、人間も入り込めば、物資の交流も行われた。そしていずれにせよ、三七五年に始まる「ゲルマン民族の大移動」によって、この境界線は踏みにじられてしまうのである。ローマ帝国では三世紀末から分割統治が行われていたが、三九五年には東西両帝国に分裂し、このうち西ローマ帝国は民族大移動の波に呑み込まれて、四七六年最後の皇帝がゲルマン人の傭兵隊長に廃されるという哀れな形で滅亡したのは周知のとおりである。

ゲルマン人のドイツ定住

ゲルマン民族の大移動の結果ドイツの地に定住することになったのは、ライン右岸から力を伸ばしてガリアに移って行ったフランク族を別格とすれば、アレマンネン(西南ドイツ)、ザクセン(北ドイツ)、テューリンゲン(中部ドイツ)、バイエルン(東南ドイツ)、フリーゼン(北ドイツ沿海低地地方)などの諸部族である。

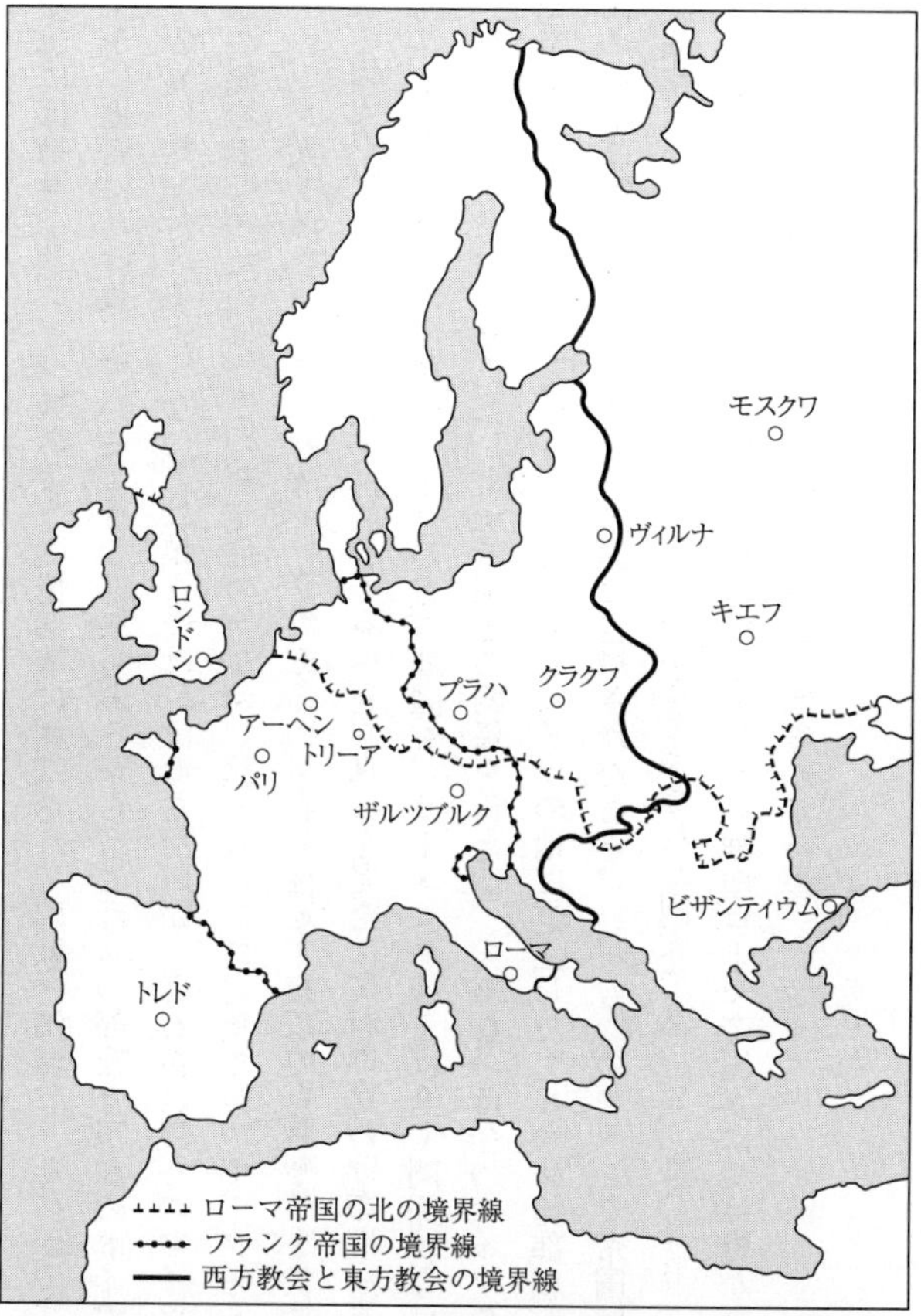

地図1 「ヨーロッパ」の社会構造を規定する三本の境界線
(参照 M. Mitterauer, Zu mittelalterlichen Grundlagen europäischer Sozialformen, in: *Beiträge zur Historischen Sozialkunde*, 1/1997, S. 41.)

いずれも民族大移動期に小部族集団が連合して、大抵は王国的部族国家にまとまったもので、なかにはテューリンゲン族のように他部族に滅ぼされて四散・消滅し、そのかつての存在をわずかに地名にだけ残しているような部族もあるから、これらの部族と現在のドイツ諸地域住民を安易に結び付けるようなことは慎まなければならないが、ともあれ現在のドイツ人やドイツ語の源流となったのは、この新定住のゲルマン諸部族とその言葉であって、タキトゥス時代のゲルマン人ではない(たとえザクセン族のように、王制ではなく複数の首長制をとるなど、タキトゥス時代とのつながりを強く示す部族もあるにしても、である)。なお部族の分布も、またそれと無関係ではないはずの現在のドイツの方言地図も、リーメスの線とは全く関係がない。

だから、ドイツの歴史とローマ帝国との関係を言えば、大事なのは今のドイツの一部がローマ帝国領になっていたということよりも、ドイツの地に定住したゲルマン諸部族が、ローマ帝国の後継国家となったフランク帝国に包摂されたこと、しかもこのフランク帝国は一種の「教会国家」、あるいはキリスト教的世界国家と意識された国家であって、このキリスト教的世界国家としての意識が、その後ドイツを中心とした「神聖ローマ帝国」に受け継がれていったこと、そういう関係においてではないかと私は考えている。

3　教会国家としてのフランク帝国

フランク帝国とカトリック教会

ここでフランク帝国の建国・発展の歴史をくわしく述べる必要はないと思う。ライン下流域からいまのベルギー、北フランス方面に、いくつもの支族の国に分かれて広がったフランク族は、五世紀末の四八一年頃に「フランク人の王」となったメロヴィング家のクローヴィスの下に統合されて統一王国を形成する。そして六世紀のはじめにかけて、かなり急速にほぼ全ガリアを支配下に収めたのだった。なおクローヴィスは四九六年頃カトリック(アタナシウス派キリスト教)の洗礼を受け、ここにフランク王国とカトリック教会との結びつきが始まる。

このメロヴィング朝フランク王国はその後また分裂を繰り返して国は乱れるが、この間フランク王国の東部の分国アウストラシアの宮宰(行・財政の実権を握る長官)として力を蓄えたカロリング家が実力で全フランクを統一し、同家のピピン(小)は七五一年教皇の支持を得てメロヴィング家の王を追い、自ら王位についてカロリング朝を開く。この時教皇から王としての正統性を認められた見返りに、ピピンはイタリアで教皇を脅かすランゴバルド族を征討し、奪回したラヴェンナ地方を教皇に寄進して(「ピピンの寄進」)、これが中部イタリアにおける教皇領のもとになった。そしてこのピピンの子のカール(大帝)が、ほぼ今日のフランス、ドイツ、そして中部イタリアまでを支配下に収める大帝国を建設し、紀元八〇〇年、ローマ教皇により「ローマ人の皇帝」として戴冠される。以上世界史のどの教科書にも書いてあることを思い起こしていただければよい。

ドイツとフランク帝国

さてライン以東のゲルマン諸部族のフランクへの従属化はすでにメロヴィング時代に始まり、最後はカールによって仕上げられるのだが、それはこの地域のキリスト教化と一体となった過程であった。「ドイツ」(仮にこの言葉を使わせてもらうとして)への布教は、まだ宮宰時代のカロリング家の援助のもと、のちに「ドイツ人の使徒」と呼ばれることになるイングランド出身の宣教師ボニファーティウス(マインツを拠点にドイツ各地への布教に努め、七五四年殉教)によって開始されたが、その後フランクの支配圏拡大と一体の過程として押し進められる。そして異教を守って最後まで抵抗した北ドイツのザクセン族が、カールの三十余年にわたる「ザクセン戦争」(七七二―八〇四)で武力平定されたことによって、ドイツのキリスト教化もひとまず完了することになる。ザクセン人の捕虜四千五百人が虐殺的に処刑されるといった、はなはだ血なまぐさい過程も経たキリスト教化であったが。

この間ドイツ地域へのフランク王権の進出を補強する形で、すでにメロヴィング時代からフランク族のドイツへの植民も行われた。特にライン川中流域からマイン川に沿って大規模に行われ、これによって「オストフランケン（東のフランク）」という、いわば人工的な部族国家がつくり出された。これがフランクのドイツ支配の拠点となるのである。

こうしてつくられたフランクの大帝国は、東方ではエルベ川とその支流ザーレ川、そしてボヘミアの森までを支配圏とし、その境界が前述ミッテラウアーの言う「ヨーロッパ」の第二の境界線ということになるが、これは当時のカトリック・キリスト教世界そのものであった。そしてこのことは、フランクの支配圏とカトリックの布教圏が事実として一致していた、というだけに止まらない、それ以上の意味をもっているように思われる。

というのは、カールの時代、その支配を支えたのは何よりも教会だったのである。当時は、仮に「帝国」と言っても、一つの「首都」から全国にわたって張りめぐらされる統治組織など存在しない。コンスタンティノープルの東ローマ帝国は、よく整えられたローマ帝国の世俗的統治組織を受け継いだが、フランクの西の帝国にはそれがなかった。それをいわば代替したのが教会組織である。

帝国の統治組織としての教会

当時国王はまさに「旅する王」として、国内各地にある王宮を巡りつつ国の統治を行なっていた。カールが晩年好んで滞在し、墓所もそこの大聖堂にあるアーヘンも、首都ではなく、数ある王宮所在地のうちの一つである。各地で開かれる「王国会議」には俗人の大貴族と並んで司教や修道院長など高位聖職者も参加し、王の立法・施政に参加した。「王国会議」はそれ自体が「教会会議」の性格をもち、教会関係の事項をも決定したのだった。そして会議の決定や王の命令を文書化し、これを保管するなどの「官房」業務を委ねられたのは、王宮礼拝堂の「尚書局(カンツライ)」に所属する宮廷司祭たちであった。これは、当時の文語であるラテン語の読み書きができたのがほとんど聖職者に限られていたことからある意味では当然のことだし、またカトリック教会が当時もっともよく組織された全国的組織だったことを考えれば、国王の重要な命令がしばしば大司教↓司教↓司教区内聖俗有力者という教会ルートで伝えられたのもよく理解できることである。

とはいえもちろん、教会と聖職者の第一の任務は布教にあり、統治の任がすべて聖職者に任されたわけではない。ある程度の統治組織はあり、俗人の役人もいた。代表的には伯管区(グラーフシャフト)と、その管理者としての伯(グラーフ)。国王によって任命される伯が五〇〇名ほどいて、軍事・行政・裁判権をもって管区の統治に当たっていた。ただゲルマン諸部族の有力者(貴族)が伯に任ぜられて地元の統治を委ねられることも多く、これがやがて伯権力の在地領主化につながってゆくのだが、それはともあれ、フランクの統治組織は基本的に、教会を利用しての統治と伯による統治の組み合わせで成り立っていたと言うことができる。国王の全国統治のもう一つの柱であった国王巡察使が、通常大司教・司教などの聖職者と有力な伯のペアで成り立っていたというところにも、このことがよく表れている。だからフランクの統治は聖職者だけによっていたのではないにしても、聖職者なしには済まなかったこともまた明らかである。しかもこれは、語学能力や組織論といった技術的な問題を越えた、より大きな問題とつながっているように思われる。

教会国家としてのフランク帝国

中世史家山田欣吾氏は、私たちが「フランク帝国」と呼ぶ「国家」が、同時代の人々には「エクレシア(教会)」として理解されていた、という大変意味深い指摘をされている。「教会」が「国家」を補強しているのではなく、「教会」がそのまま「国家」なのである。「エクレシア」とはまことに「神の御国」(先学三浦新七氏の名訳)であった。だからこそアルクインはカールを「全キリスト教徒の支配者にして父、国王にして祭司」と呼んだのであった。アルクインはカールに招かれてアーヘンを中心に学術を指導し、ラテン古典の保護・継承(いわゆるカロリング朝ルネサンス)を推進したアングロ・サクソンの神学者だが、彼によれば皇帝の任務は、「聖なるキリストのエクレシアを、神の慈悲に助けられつつ、外に向かっては武力をもって異教徒の進入と不信者の破壊から守り、内においては公教的な信仰を固めることによって安泰ならしめること」であった。ちなみにこの立場に立てば、たとえばカールが行なったザクセン戦争など、まぎれもなく異教徒に対する「聖戦」であったと理解できる。ザクセン人に対するカールの苛烈な処置なども、敵の殲滅が至上命令となる宗教戦争の性格を、先例的に示していると言えるかもしれない。

フランク帝国に発するヨーロッパ中世世界を、「皇帝と教皇という二つの中心をもつ楕円形の世界」という巧みな表現でイメージ化されたのは、山田氏が師と仰ぐ増田四郎先生であり、私の師事した堀米庸三先生もしばしば同じ比喩を用いられたが、ここにおける皇帝と教皇、あるいは「国家」と「教会」の関係は、性格を異にする両者が対抗し、かつ補い合うものとしてではなく、「教会」即「国家」という観念を根底に置いて理解すべきもののようである。少なくとも最初はそうだったのであろう。さらに言えば、それがそのまま「キリスト教世界」でもあったのだ。「国家」のこのような宗教的性格はフランクの後継国家にも受け継がれてゆく。それがどう変容してゆくか、これを見ることが次講以下の課題となる。

第 *2* 講
神聖ローマ帝国とヨーロッパ

神聖ローマ帝国皇帝の冠．オットー一世のために作られた

関係年表

843	ヴェルダン条約．フランク帝国，東西フランクと「ロータルの国」に三分割
870	メルセン条約．ロートリンゲン再分割．独仏伊の地域的原型形成
911	東フランク(ドイツ)でカロリング朝断絶．東西フランクの分離
919	ハインリヒ一世，ザクセン朝(～1024)を開く
955	レヒフェルトの戦い．オットー一世，マジャールの軍を撃退
962	オットー一世，ローマ皇帝に戴冠．神聖ローマ帝国の始まり
1024	コンラート二世ザーリアー朝(～1125)を開く
1076	叙任権闘争の始まり(1077「カノッサの屈辱」)
1122	ヴォルムスの協約．叙任権闘争の終結
1138	コンラート三世，シュタウフェン朝(～1208，1215～54)を開く
1152	フリードリヒ一世即位(～90)
1180	ハインリヒ獅子公追放
1215	フリードリヒ二世即位(～50)
1220	「聖界諸侯との協定」(1231「諸侯の利益のための協定」)
1254	大空位時代始まる(～73)．ドイツは諸侯割拠の時代へ
1282	「シシリアン・ヴェスパー」．シャルル・ダンジューの地中海帝国の夢潰える

1　「ドイツ国」のはじまり

前講ではカール大帝のもとで統合されたフランク帝国が一種の教会国家であり、それはまた同時に当時のキリスト教的ヨーロッパそのものであったことを述べた。しかしこの統合は長くは続かない。

フランクの分割

統治権の長子による一括相続という慣習がまだ確立していなかったこともあって、カールの次代こそルートヴィヒ「敬虔王」一人の相続となったが、その子供たちが相続争いを起こす。そして八四三年のヴェルダン条約や八七〇年のメルセン条約などを通じて、まずは東・西フランクとイタリアを含む中央フランク＝「ロータルの国」に三分割、それから中央フランク北部の東西フランクに挟まれた部分(ロートリンゲン)も東西で分け合われて、大雑把に言えば現在のドイツ・フランス・イタリアの地域的原型ができたわけである。なおロートリンゲン以外の中央フランク南部はこの過程で、南仏ローヌ川流域からいまのスイスにかけてのブルグント王国(アルル王国とも呼ばれる)とイタリア王国に分かれ、このブルグント・イタリア両王国がのちに東フランク(ドイツ)の帝権の支配下に入る形で「神聖ローマ帝国」の支配圏がつくられる。

ちょっとややこしいが「ブルグント」の名も記憶に留めておいていただきたい。

さて「ドイツ」のもとになった東フランクについて言えば、この地域に定住した諸部族は、この間カロリング王家の下でいくつかの「分国」に分けられ、王家の者や王家と姻戚関係のある有力貴族が国王の委託を受けて統治に当たるようになっている。分国の主なものはザクセン、フランケン、バイエルン、シュヴァーベン、ロートリンゲンなどで、その名称からも察せられるように、旧部族国家とのある種のつながりは否定できない。しかしその性格はもはやエトノス(民族集団)の意味での部族的な結合というより、統治行政上の単位に近いものになったとされている。その統治者が「ヘルツォーク」で、日本語にすると「大公」あるいは「公」だが(中世史では「大公」とされることが多い。近世史では「公」。それが実態の変化に即しているともいえるが、通史叙述上、二つの訳語の使い分けはかなりむずかしく、以下本書では「ヘルツォーク」＝「公」で通させていただく)、ともあれ、これら東フランク王国の諸「分国」の地域的広がりが、のちの「ドイツ」地域とほぼ重なるのである。

帝位の継承

さて、三分割されたフランク王国では、それぞれの国で当面カロリング朝が続くが、この間一旦「ロータルの国」に伝えられたローマ皇帝の位は、その後イタリアと東西フランクの間を行き来した後、九一五年に皇帝になったイタリア王ベレンガルが九二四年に没したのを最後に消えてしまう。東ではカロリング朝そのものが九一一年に絶えてしまった。他方、西ではカロリング朝が九八七年まで続くので、この西の王朝の下での東西再統合の動きも一部に生じたが、東の分国の支配者たちは結局はフランケン公コンラートを自分たちの王に選び、東フランクは西と別れて独自の道を歩むことになる。

このコンラートの遺言を受けて後を継いだのが、血筋は違うが実力のあるザクセン公ハインリヒ一世で、その長子でザクセン朝二代目のオットー一世が九六二年、ローマで皇帝に戴冠したのが、その後いろいろ曲折はあれ一八〇六年まで続くことになる、いわゆる「神聖ローマ帝国」のはじまりである。ただし、オットーの帝権は、名目においても意識においても、あくまでカール大帝のフランク＝ローマ的帝権、その再興であって、特別に新しいものを創ったのではない。最初はただ「帝国《インペリウム》」と呼ばれていた。

後に一般化する「神聖ローマ帝国」という名称が公式に用いられるようになるのは十三世紀半ば以降、そして十五世紀末以降になると「ドイツ国民の神聖ローマ帝国」とも呼ばれるようになるが、これは「ドイツ」イコール「神聖ローマ帝国」とか、ドイツ国民が神聖ローマ帝国の支配的民族である、などという意味ではない。もともと理念的にはドイツというよりはヨーロッパの国であり、支配地域も「ドイツ」のみならずイタリア王国やブルグント王国におよんでいたこの国の一部、その「ドイツ王国部分」を指す限定的語法だというのが、現在の学界の共通認識である。ただこの「神聖ローマ帝国」は、その後イタリアやブルグントへの支配権を失い、その支配領域が実質的に「ドイツ」に限られてきてしまう。だから十八世紀になると一般に「ドイツ帝国」と呼ばれたりするようにもなり、この時期になれば確かに「ドイツ」イコール「神聖ローマ帝国」の定式もある程度は成り立つのだが、この状態を古い時代に遡らせて、最初からこれは「ドイツ人」の国だったなどと考えたら、大きな思い違いをすることになる。そもそもオットーの時代に、「ドイツ人」の意識などありはしない。

「ドイツ」の起源

ついでながら、「ドイツ」や「ドイツ人」という言葉のもとになったのは、「民衆の」といった意味のラテン語の形容詞「テオディスクス」、また同じ意味で使われた「テウトニクス」(これが英語の「テュートン」の語源になる)である。こういった言葉がアルプスの北、つまりいまのドイツに住む人びとと関連づけてまずはイタリアで使われ、それをドイツ人の祖先たちが、自分たちのことを指す言葉として受け入れた。それが十世紀の末頃である。そして十一世紀になると、このラテン語に対応する「ディウティスク」という古いドイツ語も現れてくる。

もちろん、「ドイツ」という言葉はまだなかったとしても、東フランクの諸分国、少なくともその支配層が、国王選挙などの共同作業を通じて、西フランクともイタリアともブルグントとも異なる政治共同体に属しているという、ある種の共属意識を育んでいたことは確かであろう。分国の有力貴族による国王選挙がいつからはじまったか、諸説があって私には判断がつかないが、選挙手続きがどれほど整っていたかはともかく、「国王は有力者の合意による」というコンセンサスは、かなり早くから出来ていたように見える。

ザクセン朝初代のハインリヒ一世の例で見ると、彼は九一九年に前王コンラートの遺言を受け、当初ザクセンとフランケンの二分国だけの支持で国王に推戴された。そのためバイエルン公が独自に「国王」を称する、といった事態も生じたのだが、ハインリヒはこの難局を諸分国の有力者たちとの協調路線で——一部武力も行使したが——乗り切った後は、長子オットーを後継者にするために、国内を巡行するなどしてあらかじめ諸分国の支配者たちの同意をとりつけたのである。彼は同時に王位単独相続の原則をも打ち立て、王国の不分割継承への道も開いたのだった。

こうして「ドイツ」という言葉ができる前に、のちに「ドイツ」と呼ばれることになる地域の政治的一体性が、「分国からなる王国」という形で形づくられていったのである。

2　初期中世帝国の確立

オットーの治世

ザクセン朝のオットー一世は九三六年東フランク国王に即位、その後国内の反乱を平定するとともに、当時東方から侵入を繰り返していたアジア系マジャール人を九五五年、アウクスブルクの近くのレヒフェルトの戦いで決定的に破ってキリスト教世界の防衛に大きな成果をあげた(マジャール人はこの敗戦の後ドナウ川中流域のハンガリー平原に定住してキリスト教を受け入れることになる)。オットーはなお東方辺境のエルベ川中・上流に軍事植民地「辺境区」を設定してこれを辺境伯に託し、スラヴ系異教徒に対する防衛体制を固めた。そしてブレーメンやマクデブルクの大司教座を布教の基地として、北方や東方、デンマークやスラヴ諸民族へのキリスト教布教にも努めたのだった。

そしてイタリア遠征を行なってイタリアの支配権を確立したオットーが、九六二年にローマで皇帝に戴冠した時、彼はまさに名実ともに「西方キリスト教世界の指導者」だったのである。なおこのオットー以後、ドイツ国王がローマ皇帝になることが、事実の積み重ねによっていわば慣習化するが、西方キリスト教世界最高位の君主であるこの地位には、ドイツ以外の君主・王族でも選ばれ得るし、実際に候補になったり対立国王に選ばれたこともある。またドイツ国王でも本来はローマ教皇によって戴冠されてはじめて皇帝となる。だから厳密にいうと国王としての在位と皇帝在位がズレていることもあるが、本書では煩瑣を避けて、以後おおむねドイツ国王＝皇帝とすることをご了承いただきたい。

貴族勢力と教会

オットー一世（大帝）の帝権が基本的にカール大帝のそれと同じものだということはすでに述べたが、国内統治に教会を活用したことも同じである。ただし、カールの時代のようにそれ以外に方法がなかったというよりも、世俗の大貴族勢力に対する対抗勢力として、教会を意図的かつ積極的に利用したと言えるだろう。

オットーは分国の支配者（公）については自ら任免権を行使しつつ、その下のレヴェルの地方支配者である伯や辺境伯については事実上世襲を認め、これらに領地とその支配権を封（レーン）として授与・保証する一方、国王への忠誠と奉仕を誓わせることで（これを封建＝レーン制的関係という）、国を統治した。しかし地方の支配者が世襲的にその地方権力を固めれば、それがとかく王権から離反する傾向をもつこともまた避けがたい。それに対する「平衡錘」となったのが教会である。

オットーの下で教会組織の要である司教座や大修道院は「王国（帝国）教会」とされ、土地（とそれを耕す農民）の寄進や各種特権の付与を通じて手厚く保護された。こうなれば王国教会そのものが当該地方の大権力者になるのだが、世俗諸侯と違って結婚しない聖職者に世襲はないから、国王は聖職者の任命権を握ることによって、王国教会を国の統治機構として利用することができるのである。これを「王国(帝国)教会政策」と言う。ハインリヒ一世にはじまり、オットー一世、二世、三世と続いて「オットー朝」とも言われるザクセン朝(九一九—一〇二四)から、次のザーリアー朝(一〇二四—一一二五)にも受け継がれた、王国統治の基本政策である。

ザーリアー朝　一〇二四年にザクセン朝が絶え、その後オットー大帝の娘の血をひくライン＝フランケン公コンラート二世がザーリアー朝(フランケン朝とも)を開いた。一一二五年まで約百年続いたこの王朝の前半は隆盛をきわめる。コンラートは、一時動揺したイタリア支配権を再確立するとともに、相続協定を通じてブルグントを獲得、神聖ローマ帝国の領土的内実をなすドイツ・イタリア・ブルグントの結合を実現させた。

次のハインリヒ三世はチェコ人のボヘミア王国を皇帝の下での封建的主従関係に組み込んだほか、イタリアに遠征しては、貴族諸家門の争いに利用されて三人の教皇が立つといった教皇庁の混乱を収め、自ら選んだ教皇を立て、この教皇によって皇帝戴冠の式を行わしめたのである。彼が腐敗・混乱した教皇庁に介入し、教皇の人事をも動かしたとき、彼は十世紀にフランス・ブルゴーニュのクリュニー修道院に発し、その頃ドイツにも及んできていた教会粛正運動の波に乗り、その精神を体して行動していた。しかし改革を通じて教皇庁の態勢が立て直され、改革運動が皇帝の教会支配そのものに向けられるようになったとき、事態は大きく転回する。皇帝による司教の叙任は「シモニア（聖職売買）」として糾弾され、これは皇帝と教皇の関係のみならず、皇帝の王国教会政策の根幹を揺るがす批判にもなったからである。

ここから発する皇帝と教皇の対立が、皇帝ハインリヒ四世の「カノッサの屈辱」（一〇七七）といった劇的な事件をともなった「叙任権闘争」へと発展する。司教など高位聖職者を叙任する権利は皇帝と教皇と、そのどちらの手にあるのかをめぐる争いである。そしてこれは周知のように、次代のハインリヒ五世が教皇特使と結んだ「ヴォルムスの協約」（一一二二）によって妥協の解決をみたのだが、ここではその間の委細は省き、ただこの結果がドイツ史にとって何を意味したかについて、私の理解するところを述べておきたい。

叙任権闘争とヴォルムスの協約

簡単にこの協約の内容をまとめておけば、これは霊的司牧者としての司教の叙任と、司教領の支配者としての司教に対する世俗的支配権の授与を原理的に区別し、前者は教皇、後者は皇帝のみが行なうとしている。皇帝は司教の叙任権を放棄するが、司教は霊的司牧権をもつとともに、また大きな所領を支配する世俗的権力でもあって、この世俗的支配権を授与するのは皇帝の特権で、この授与を通じて皇帝と当該司教は封建的主従関係を取り結ぶ、ということである。なおドイツ以外（イタリア・ブルグント）では教皇による司教叙任がまず行われ、それに対しドイツでは皇帝による世俗的権利の授与が先立つ。また司教の選挙はドイツでは皇帝の面前で行われるとして、選挙への皇帝の実質的関与が認められている。これを要するに教皇と皇帝が聖職者の叙任(叙階)権と世俗的権利の授与(授封)権を分け合い、なお権利行使の優先権は地域で分け合ったという妥協だが、さてこれはドイツ史にとって何を意味したであろうか。

まず第一に、カール大帝やオットー大帝においては全く一体のものとして、あるいは自らの内で統合されているものと意識されていた教権と俗権が、原理的に分けられたということ。皇帝権は神権的性格を奪われて世俗の権力となり、二つの中心をもつ楕円形の世界としての中世ヨーロッパ世界が、いままでとは別の意味で――ここではじめて「聖」「俗」二つの別の軸をもつという、いわば常識的な意味において――再構成されなければならなくなった。

そして第二に、この再構成に当たってはドイツとドイツ以外、アルプスの北と南という地域の別が、いままでになく重要な意味をもってきたこと。「ドイツ王国」という言葉も公式に使われている。そしてこの「ドイツ」では、国王=皇帝が司教選挙への影響力をもち、王国教会への支配力も実質的に保持し続けたわけである。

しかし第三に、実際の影響力はともかく、皇帝は原理的に司教叙任権を失った。このことにより、国王=皇帝と司教たちとの関係は、今後世俗諸侯の場合と同様、司教領の授封を軸として、封建=レーン制的な主従関係として再編成されてゆくことになる。

ここで「諸侯」というのは、「公」「伯」「辺境伯」など、諸官職や特権を世襲的にわがものとし、国王の築城特権を侵して城郭をも建設して、この城を中心に自立的な領域支配圏を築きつつあった各地の有力貴族諸家門である。これらドイツ諸侯の国王＝皇帝に対する自立化、封建領主化が促進されたこと、これが第四の留意点である。ハインリヒ四世が「カノッサの屈辱」をあえて耐え忍んで教皇に破門を解いてもらったのは、さもなくば諸侯の離反が避けられなかったからであり、ハインリヒ五世にローマと妥協するよう圧力をかけて「ヴォルムスの協約」を締結させたのも、教皇との和平を求める諸侯たちであった。国王＝皇帝自身がイタリア遠征への協力をもとめ、あるいは国内安定化のための必要に迫られて貴族たちに特権を与え、地方権力を育ててもきたのだが、のちの「領邦国家」のもとになるこれら諸侯権力を無視しては、以後のドイツの統治は行われ得なくなる。そしてこの地方封建権力の中に、世俗諸侯のみならず、聖界諸侯も入ってくるのである。

そして最後に、叙任権をめぐる教皇権と王権の対立と妥協はドイツだけのことではなかったこと。ヴォルムスの協約に先立って、一一〇七年にイギリスとフランスで基本的に同じ内容の協約が結ばれている。ヴォルムスの協約は全ヨーロッパ規模での問題解決のいわば総仕上げだったのである。

3 帝国の拡大とイタリア政策

シュタウフェン朝

ザーリアー朝は一一二五年に絶え、帝国の有力諸侯は一旦ザクセン公ロータルを国王に選んだが、ロータルの死後、今度はライヴァルだったシュヴァーベン公シュタウフェン家のコンラートが選ばれ（一一三八）、ここにシュタウフェン朝がはじまる。王位相続に途中でいささかの混乱があったが、「赤髯（バルバロッサ）」と呼ばれたフリードリヒ一世（在位一一五二―九〇）、ハインリヒ六世（一一九一―九七）、シチリア王でもあったフリードリヒ二世（一二一五―五〇）など名だたる皇帝を輩出して盛期中世を飾った王朝である。支配領域を見ても、ドイツのみならずブルグントとイタリアを支配するという神聖ローマ皇帝の権利要求がもっとも実質的に満たされたのがこの時代である。

フリードリヒ一世はブルグント王女ベアトリクスと結婚してイタリアへの通路を扼するこの国を確保した。また六回のイタリア遠征を繰り返してイタリアを武力で制圧しようとした。皇帝のイタリア支配への教皇の抵抗、また「ロンバルディア同盟」に結集した北イタリア諸都市の激しい抵抗によって完全制圧はできなかったが、それでも彼はドイツ、ブルグント、イタリア三王国の国王として、正式に三回の戴冠式をあげた最初の皇帝となった。教皇と争いつつ最後は教皇と和解し、自ら十字軍を率いて遠征の途についた赤髭の皇帝は、途上思わぬ事故で（トルコの川で溺死）命を落としてしまうが、彼は生前、息子のハインリヒ六世をドイツ国王位につけるとともに、ノルマン人のシチリア国王ロッジェーロ二世の娘コンスタンツェと結婚させていた。

ハインリヒはシュタウフェン家にシチリアの王冠をもたらした。そしてその息子がロゲリウス・フレデリクス、これが皇帝フリードリヒ二世になる。シチリアとドイツを一体化してシュタウフェン家の「世襲帝国」としようとした企図は成功せず、シチリア王国はフリードリヒ二世の時代にも、前のノルマン時代がそうであったように、ローマ教皇の封主権の下にある国（教皇から封として授与される国）に止まり、だから神聖ローマ帝国の正式の版図にも入らなかったのだが、支配の実情は「神の恩寵によりローマ人の王にしてシチリア王たるフリードリヒ」という誇らしいタイトルの中に示されている。イスラムとギリシアとラテンの文化が混ざり合った地中海王国シチリアのパレルモに宮廷を営み、教皇からの十字軍の要請に応えなかったため二度も破門され、しかし結局は聖地を回復してイェルサレム王にも戴冠し、自ら六カ国語をあやつって「最初のルネサンス人」とも言われるこの混血の皇帝のもとで、神聖ローマ帝国の帝権はまさに絶頂に達したのだった。

しかしこのシュタウフェン家の大帝国は、当時の統治技術からして、一体的に統治するには広大に過ぎた、と言わなければならないだろう。もちろんシチリア王国に限って言えば、この国は専門的役人を階層的に組織した官僚制を、当時としては例外的に発達させていた国である。しかしシチリアの官僚制をイタリアからドイツ王国まで統一的に押しおよぼすようなことは、当時の交通事情や通信技術からしてそもそも不可能であったし、ドイツに関しては、叙任権闘争以来、有力諸侯が国王とともに国をになうという体制が出来上がっていた。ドイツ国内にあってはシュタウフェン家の国王は、もともとそれほど圧倒的な力をもった存在ではなかったのである。

帝国統治の実情

フリードリヒ一世が即位したとき、シュタウフェン家の家領は出身地である西南ドイツのシュヴァーベン地方に限られていた。実力としてはむしろ、ライヴァルであったヴェルフェン家のザクセン公ハインリヒ「獅子公」の方が上であって、フリードリヒは即位に当たって獅子公

地図2　フリードリヒ二世時代のヨーロッパ

の要求を認め、ザクセンに加えてバイエルンをも授封しなければならなかったのだ。

しかし裏返して見れば、国内の権力地位がこのように脆弱だったからこそ、積極的なイタリア政策を展開して、地理的にもシュヴァーベンにつながるブルグントやイタリアを支配下に収め、これらの地域を一体として自分の権力基盤としようとした、と言えるだろう。しかしイタリア政策を推し進めるためにはドイツ諸侯の協力が必要であり、協力にはそれなりの見返りが必要である。

獅子公に関して言えばフリードリヒは一一八〇年、獅子公反対派の訴えをきっかけにこれを反逆罪で帝国追放刑に処し、封地のザクセンとバイエルン両公領を獅子公から剝奪して、この最大のライヴァルの権力を失墜させることができた。しかしこれで反シュタウフェンの「ヴェルフェン派」がすべて無力化したわけではない。イタリアで皇帝と争うローマ教皇がこのヴェルフェン派と結びついたからなおさらのことである(皇帝派と教皇派に分かれて争った北イタリアの諸都市で皇帝派は「ギベリン」、教皇派は「ゲルフ」と呼ばれた。この「ゲルフ」は「ヴェルフェン」のなまりである。「ギベリン」はシュタウフェン家の城の名前に由来する)。

封建国家への再編成

ドイツでは、獅子公の下で支配領域を広げたザクセンやバイエルンが分割され(北ドイツに広がったザクセンの西半分が切り離されてヴェストファーレンとなる。バイエルンの中核部はこの時ヴィッテルスバハ家に与えられた)、ドイツ王国はこれまでより一回り小ぶりな公領や辺境伯・宮中伯領など地方権力と聖界諸侯領からなる政治体として再編成されてゆく。

フリードリヒ一世は「帝国諸侯」と呼ばれるようになったその支配者たちを封建＝レーン制の主従関係で統制する一方、諸侯にはそれぞれの領域内でのいろいろな支配権を認めている。その延長線上にあるのが、フリードリヒ二世時代の「聖界諸侯との協定」（一二二〇）および「諸侯の利益のための協定」（一二三二）で、これにより聖俗の帝国諸侯たちは、貨幣鋳造権、関税徴収権、裁判権など、本来国王特権（レガリア）に属する特権の保有を認められたのである。

封建国家というのは、国王が国の領域全体を直接自分で支配する条件がなかった時代に、それぞれが地方の独立的支配者である諸侯をレーン制の主従関係に組み込み、つまりは支配者同士の人格的な主従関係を軸に国を治めるシステムである。ともすれば離反する諸侯をこれでどこまで統制できるかは、国王個人の権威と王権の実力による。シュタウフェン家の皇帝は、諸侯にドイツの大半の統治を委ねつつ、ともかくも封建＝レーン制の論理でドイツ王国を治めた。しかし王朝が断絶すれば、事態はもちろん別の展開をする。

フリードリヒ二世は一二五〇年に没し、そのわずか四年後に正統の血統も絶えて、ドイツからイタリア・シチリアを連ねたシュタウフェン家の地中海的大帝国は一挙に瓦解する。そしてその後、ドイツ国王に選ばれるものはあっても、誰も正規の皇帝には認定されないという、いわゆる「大空位時代」が生じたのであった。一二七三年にローマ教皇に促されてハプスブルク家のルードルフを国王＝皇帝に選ぶまで、ドイツ諸侯は自分たちの国王を自分たちの中から選ぶことができなかった。反面、諸侯の独立性だけは、この間に決定的に固められたのである。以後ドイツ史は「皇帝の時代」から「諸侯の時代」に入ってゆくことになる。

4 中世的世界の理解のために

皇帝のイタリア政策をめぐって

中世盛期、ドイツ国王が神聖ローマ皇帝としてヨーロッパに君臨した時代は、ある意味ではドイツ史にとって栄光の時代であった。しかし反面この時代は、歴代の皇帝が「普遍的帝国」の理念を追求してイタリア政策に没頭し、その間ドイツ統治をおろそかにして諸邦分立体制を生み出してしまった、と解される時代でもある。ドイツの「国民史」が求められた十九世紀には、ドイツが国民国家形成において西欧諸国に遅れをとったのは、もとはと言えばこの時代の皇帝のイタリア政策による負の遺産だと主張する歴史家も現れ、「皇帝政策論争」なるものが華々しく戦わされたこともあった。私はこれを専門的に論評する資格はないが、以下のことは指摘してよいだろうと思う。

第一に、カール大帝はもとよりだが、オットー一世以下の諸皇帝の動きを「ドイツ国王」としてどうだったかの観点からのみ評価するのは問題があるということ。彼らはおそらく、より多く「ヨーロッパの君主」として見られるべき存在であった。

第二に、これは主としてシュタウフェン朝の諸皇帝についてなのだが、当時地中海交易の富が先行的に北イタリアの諸都市国家に蓄積され始めていた状況からして、この北イタリアを制し、さらには地中海交易の要に位置するシチリアを支配下に収めようとするのは、ヨーロッパ的君主の権力政策として、むしろ当然のことであったろうと思われること。

そして第三に、シチリアを含むイタリアを中心に、東ローマと聖地までも射程に収めた普遍的キリスト教的地中海帝国の夢を抱いたのは、決してフリードリヒ二世だけではなかったこと。それはフリードリヒのあと、とりわけフランスのアンジュー伯シャルルが実現を目指した夢であった。

中世的帝国の終焉

フリードリヒ二世の没後、教皇はシチリア王国の支配権の回収を図るが、フリードリヒの庶子マンフレートがシチリア王として抵抗する。そのため教皇は、まずイギリス王ヘンリ三世にマンフレート追討を託すが、弟リチャードを大空位時代のドイツ王に押したヘンリの野心を恐れ、のち一転してヘンリのライヴァル、フランスの「聖王」ルイ九世の弟でアンジュー伯のシャルル(シャルル・ダンジュー)にこれを託す。シャルルはプロヴァンスの相続伯女を妃とし、地中海に沿ってイタリアに通じるプロヴァンス伯領を獲得していた。教皇の委託を受けた彼はたちまちマンフレートを破ってこれを敗死させ、自らシチリア王国を一手に収める。そして教皇から皇帝代理とされた彼は、教皇の東西教会合同計画を支援しつつアドリア海も制圧し、イェルサレム国王にもなった。そして、ひるがえっては甥のフランス王フィリップ三世を大空位時代後の神聖ローマ皇帝位につけようとしたのである。これは神聖ローマ帝国理念の拡大フランス版とでも言うべきであろうか、きわめて中世的な、そして壮大な帝国理念を顕示するものである。

しかし一二八二年、東はコンスタンティノープル、西では全ブルグントの軍事制圧を目前にして、シャルルはシチリアで足をすくわれる。三月末日の夕刻、シチリアの首都パレルモで、史上「シシリアン・ヴェスパー（シチリアの晩禱）」として知られる島民の反フランス大暴動が起こり、シャルルのシチリア支配、そして彼の地中海帝国の夢を葬り去ったのである。「シシリアン・ヴェスパーは……中世的な帝国の時代がもう過ぎさってしまったことを、最後的に明らかにしたものであった」（堀米庸三『西洋中世世界の崩壊』）。

もちろん、皇帝・教皇という「二つの中心をもつ楕円形の世界」としての中世的世界構造は、シシリアン・ヴェスパーをまつまでもなく、一二五〇年には終わっていた。協調というより対立・対抗の関係にあったこの二つの中心が、本当に対等な立場で対抗し合いつつ歴史を動かしたのは、そう長い間のことではない。しかしこの対抗関係に規定された皇帝のイタリア政策が、皇帝の意図とは別に、続く時代のための発展の種を播いたところもある。「ゲルフ」「ギベリン」がせめぎあった北イタリア諸都市のその後の合従連衡の中から、「勢力均衡」という政治の論理が生み出されてくるのである。それはやがて成長途上の主権的諸国家をとらえ、全ヨーロッパ、そして全世界で国際政治を律する原理となってゆくであろう。こういう新しい動きを生み出す媒体となった神聖ローマ帝国は、主権諸国家の「国際関係」という新しい権力ゲームの担い手になることは、もはやなかったのだが。

大学とヨーロッパ文化の一体性

しかし中世的世界が崩壊したからといって、この段階でヨーロッパがすでに一体性を失ってしまったなどと考えてはならない。それは、中世ヨーロッパが産み落とした最も美しい文化的果実である大学を見れば明らかである。

「十二世紀ルネサンス」という言葉がある。十字軍などを通じてアラブ＝イスラム世界と接触した結果、アリストテレスの哲学をはじめ、ビザンツ文化を経てアラブ世界に伝えられていた古代ギリシアの学問が、いわば逆流的にはじめてヨーロッパに伝えられ、その刺激のもとにヨーロッパの知的生活が著しく活性化した現象を指す言葉である。広域的行政法としての古代ローマ法の意味が再発見されたのもこの時代である。

これはヨーロッパ全体の生産力の高まりとも関連することで、簡単に言えば社会にそれだけの余裕が出てきたということであろうが、教会や各地の宮廷、またこの頃各地で成長し始めた都市からも、神学や法学などを修めた人への需要が高まっていた。学舎を求めて故郷を後にするものも増えてくる。皇帝フリードリヒ一世が、学徒の旅の安全と都市内での保護を保証した勅書「ハビタ」(一一五五)を出したのもこの関連においてである。

中世の大学には、皇帝フリードリヒ二世が設立したナポリ大学(一二二四)のような例もあるが、大学成立史上最も古い大学は、神学のパリや法学のボローニャなど学問の中心地に集まった教師や学生が、いわば学問の「同業者組合」(これを「ウニウェルシタス」という)をつくり、これが自立的団体としての自治権を獲得して大学に発展した、というものである。十二世紀末頃から、そういった大学があちこちに生まれ出ている。

有力な大学にはヨーロッパ各地から学生が集まってきた。教師も学生も、おおよその出身地別に「国民団(ナティオ)」を形成する。それが全体として「大学(ウニウェルシタス)」を構成するのだが、ドイツから来た学生はパリ大学では当初「イギリス国民団」に入っていた(のちにドイツ人の数が増えて「ドイツ国民団」となる)。ボローニャでは「アルプス以北国民団」。しかし「国民団」が組織されたにしても、大学の公用語はラテン語一つ。大学が発行するドクトルの学位や「教授資格証明」はヨーロッパ全体に普遍的に通用した。「国」は出来てきても、ヨーロッパ文化は一つである。

第 3 講
カール四世と中世後期のドイツ

「金印勅書」．羊皮紙文書に金印が付されている

関係年表

1226	ドイツ騎士団，プロイセンの領有を認められる(31年征服に着手)
1241	リューベックとハンブルクの同盟(ハンザ同盟の始まり)
1254	大空位時代始まる
1273	ハプスブルク家のルードルフ皇帝に選ばれて大空位時代終わる
1278	ルードルフ，マルヒフェルトの戦いでボヘミア王オタカルを破る オーストリア，ハプスブルク家の手に
1291	スイス原初三州の永久同盟．スイス独立の始まり
1306	ルクセンブルク家のヨーハン，ボヘミア王に選ばれる
1307	教皇庁アヴィニョン移転(「教皇のバビロン捕囚」)
1346	ボヘミア王ヨーハン没．長子カール，国王即位
1347	ボヘミア王カール，神聖ローマ皇帝即位(カール四世，～78)
1348	カール，プラハの都市建設に着手．プラハ大学設立 この年，ヨーロッパにペストが広がる
1356	「金印勅書」発布／ネーデルラント・ブラバント州に「歓呼の入市」
1414	コンスタンツ公会議(～18)
1415	フス処刑／ホーエンツォレルン家，ブランデンブルク辺境伯領領有
1438	ハプスブルク家のアルブレヒト皇帝即位．同家の帝位独占始まる
1493	マクシミリアン一世即位(～1519)
1495	帝国改革．永久平和令と帝国国制(帝国議会，帝国最高法院)の整備

1　中世後期のドイツとヨーロッパ

本講では「金印勅書」やプラハ大学の設立で知られているボヘミア国王・神聖ローマ皇帝カール四世に焦点を当て、このかなり特異な、しかし重要な人物を中心に、ヨーロッパとドイツの中世後期の状況をできるだけ具体的に展望してみたい。しかしそのためにもまず、当時のヨーロッパの一般的状況について、少し概観的なことを話しておきたいと思う。細かいことはさておき、頭に入れてもらいたいのは、ヨーロッパの重心がいままでより北に、そして東にシフトしたということである。

ヨーロッパ世界の重心のシフト

世評の高いカール四世伝を書いた歴史家ザイプトは、ヨーロッパ人の「世界」像が、十三世紀から十四世紀にかけて大きく変わったことを指摘している。それまでは地中海が世界の中心として文字通り地図の真ん中にあった。ところが十四世紀になると、地中海の北半分と黒海が地図の基底部を形づくり、ヨーロッパ大陸の中心部が真ん中を占めるようになる。つまりヨーロッパ世界の重心が地中海から北に移動して、今日私たちがイメージする「ヨーロッパ」像に近いものになったというのである。

これは当時の政治的力関係の軸が北に動いたことと関係しているだろう。フリードリヒ二世とシャルル・ダンジューの地中海帝国が崩壊したのち、シチリア王国はアラゴン領のシチリアとアンジュー家のナポリに分裂し、急速に昔日の輝きを失う。そして中部イタリアの教皇領はといえば、十四世紀初頭の教皇庁のアヴィニョン移転によって主を失い、周囲の権力による浸食に委ねられる。イタリアの重心はいまや決定的に北イタリアに移り、ここではミラノとフィレンツェ、ジェノヴァとヴェネツィアといった都市国家の角逐の中から、ヴィスコンティ家の支配するミラノが突出し、それに対して他が連携する、といった状況が生まれてきている。

ヨーロッパ諸国家の成長

アルプスの北のヨーロッパでは、神聖ローマ帝国が「大空位時代」のアナーキーに陥る一方、西方ではフランス王国が「聖王」ルイ九世(在位一二二六―七〇)や「美麗王」フリップ四世(在位一二八五―一三一四)など名だたる諸君主のもと国内の統合を進め、皇帝に代わってキリスト教世界第一の神権的世俗権力たる地位を主張するようになった。もちろん、「美麗王」の時代に行われた教皇庁のアヴィニョン移転、いわゆる「教皇のバビロン捕囚」を文字通り「捕囚」と解しては、事態を見誤ることになる。パリから遠く離れた南仏アヴィニョンで、教皇がフランス王権に政治的にも一定の距離を置きつつ、教会の行・財政組織を見事に築き上げたことはよく知られている。しかしそれにしても教権と俗権の対抗の主軸はアルプス越えのローマ・ドイツ間から、アヴィニョン・パリ間に移ったのだ。

そしてフランスの諸国王は、フランス内のイギリス保有知行地を奪って国内統合を推し進め、それに発する英仏の対立はついには百年戦争(一三三九—一四五三)ともなるのだが、結局のところイギリスがフランス内所領を失ったことが、イギリスをしてロンドン中心の一元的国づくりに向かわせることになる。こうしてフランス・イギリスともに、ある程度地域的なまとまりをもった「地域主権国家」といったようなものの形成に向かうのである。

ドイツの発展は違う方向をとる。というのも、この時代の国づくりは否応なく王朝が中心になるが、その王朝がまず安定しないのだ。「大空位時代」は一二七三年、教皇に促されて選挙侯たちが(この時期に「選挙侯(選帝侯)」が別格の諸侯として姿を現してくる)、ハプスブルク家のルードルフをドイツ国王に選んでようやく終わりを告げたが、それで王位＝帝位が安定したわけではなく、しばらくの間ハプスブルク家やルクセンブルク家やヴィッテルスバハ家の間を転々とする。大空位時代に地方的国家権力を固めてしまった諸侯にとって、強大な国王＝皇帝の出現はもはや好ましくないからである。

「ドイツ」の東への拡大

しかしこの間「ドイツ」が、それとともにまた「ヨーロッパ」がいままでよりずっと東の方に張り出したことが注目される。一般に「ドイツ人の東方植民」と呼ばれている十二—十四世紀の動きである。前述(第1講)のように、フランク帝国時代以来ドイツ人の居住地は、東は大体エルベ川・ザーレ川からボヘミアの森に至る地帯までであった。しかし十二世紀、シュタウフェン朝の時代になると、三圃式農法の普及によって農業生産力が著しく高まり、それとの相関関係で人口も増え、従来の農地では足りなくなって、全ヨーロッパ的に開拓・開墾の時代が始まる。そしてドイツ人はエルベ川を越えて東方に活発な植民活動を行ない、エルベ川からその東のオーダー川へ、そしてさらに東のスラヴ人居住地域に進出して、この北東ヨーロッパを大きく「ドイツ化」してしまったのである。

ドイツの諸侯たち、特に東部辺境を固めていた諸「辺境伯」は、この動きに乗って支配圏の拡大に努めた。エルベ・オーダー両川間からさらに東に勢力を伸ばしたブランデンブルク辺境伯や、エルベ川中流域を支配したマイセン辺境伯などである。東南方ではバイエルンから分かれたオーストリアがバーベンベルク家のもと、隣接するシュタイアーマルク辺境伯領を合わせ、なお活発な植民を行なって支配圏を南方アドリア海に向かって広げていた。ドイツ諸侯の他、ハンガリーやボヘミアやポーランドの国王・諸侯たちが進んだ農業技術をもったドイツ人植民者を招致し、開墾・開発に従事させている。

バルト海沿海地方では、十字軍の関連で一一九〇年に設立された騎士修道会のドイツ騎士団が、ポーランド貴族に招請され、皇帝と教皇の勅許を得て沿海地方奥深くを征服し、原住民のプロイセン人をキリスト教化しつつ、ここに広大なドイツ騎士団国家を建設した。これがのちのプロイセン王国のもととなる。エルベ以西の古いドイツ地域の諸侯領＝領邦国家（ドイツ史の用語で地方国家を「領邦」ないし「領邦国家」という。以下これを用いる）が小邦分立的であったのに対し、東の領邦は一般に大きい。未開の土地を拓いた植民国家だからである。

都市とハンザ

なおドイツ勢力のこの東方進出は、バルト海にその通商網をめぐらせた都市同盟である「ハンザ同盟」によっても担われている。「ハンザ」というのは元来遠隔地商人たちの相互扶助的仲間組織の呼称。それが諸都市の連合組織にも用いられて、「ハンザ同盟」として知られる「ドイツ・ハンザ」にもなったのである。

連帯と相互扶助はそもそも都市の市民生活の基本原理である。市民たちはそれぞれ職業別に仲間組織をつくる。これがギルドである。ギルドは単に経済活動だけでなく、成員の生活全般を取り仕切る仲間組織なのだが、都市の内実は、簡単に言えばこうしたギルドの集合体として、いわば市民の仲間組織であったと言えるだろう。この仲間組織が領主から裁判権や自衛権なども含む自治権を認められたとき、中世ヨーロッパに独特の、市民の自治体としての中世都市が成立する。ギルドの成員やその家族でないと市民権も得られず、市政は少数の有力市民家門に牛耳られて、市民の自治と言っても民主主義とはほど遠いのだが、ともあれ封建制のタテの主従関係が基調の中世社会にあって、ヨコの連帯を基調にするユニークな生活世界であった。

中世のドイツには大小約三千もの都市があった。法的には諸侯の支配下に留まった「領邦都市」と、皇帝直属の都市で、諸侯と並んで帝国の構成員となる「帝国都市」が区別されるが、市域外の周辺地域をも広く支配して都市国家的な存在となった二、三の帝国都市を除き、一つ一つは大した力をもっていない。しかし都市同盟となると話が別である。

ハプスブルク家の支配に対するスイスの森林諸州の連合などもその一つだが、十三、十四世紀は一種の連合の時代で、それがさまざまな都市同盟となっても現れた。シュヴァーベン都市同盟やライン都市同盟などいろいろな連合体がつくられたが、その最も有名なものがハンザ同盟である。リューベック、ハンブルク、ブレーメンを中核に、中世ドイツ最大の都市ケルンから、バルト海の奥深くゴートランド島につくられたドイツ都市ヴィスビーまで、最盛時には加盟百都市を数えて威を誇り、当時北欧の大国だったデンマークをも武力で圧倒して、バルト海を自分の海にしてしまった同盟である。

ともあれ諸侯や都市や、また新天地を求めた農民や、いろいろな力が合わさって、ドイツ人の活動の場が東に広がっていった。それはヨーロッパの拡大でもある。第1講で述べた「ヨーロッパ」の三番目の線がほぼ確定したのがこの時代である。ヨーロッパの重心はまず北に、そして東にシフトした。神聖ローマ帝国の東端に位置するボヘミア王国が帝国の中心になろうとしたのも、こういう時代の動きの中で理解すべきことであろう。

2　カール四世とボヘミア王国

ボヘミア王国の発展

ボヘミア(およびその分国モラヴィア)は西スラヴ系チェコ人の国であるが、十世紀来東フランク国王の上級支配権を認め、十一世紀以来チェコ人の支配者がまずはボヘミア公として、のちには王号も認められて、つまり自分がボヘミアの国王でありながらドイツ国王＝神聖ローマ皇帝の封建家臣になるという形で、帝国の一部を構成することになった。そしてプシェミスル王家の支配下で大いに発展し、特に大空位時代の国王オタカル二世(在位一二五三―七八)の時代には、男系が絶えたバーベンベルク家の後を襲ってオーストリア・シュタイアーマルク、さらには南方ケルンテン・クラインをも相続で獲得して、アドリア海に至る広大な支配圏を築きあげた。

そして帝国においては選挙侯の一人としての地位も得たのだが、その強大な権力がかえって諸侯の警戒するところとなり、大空位時代を終わらせたドイツ国王＝皇帝選挙では、名門ではあるが家門権力はオタカルより下のスイス・アールガウ出の貴族ハプスブルク家のルードルフに帝位をさらわれてしまう。ただしオタカルはこの選挙には参加しておらず、ルードルフへの臣従の態度を明確にしなかったため、両者の対立が激化して最後は戦争となり、七八年ウィーン近郊マルヒフェルトの戦いでオタカルは戦死する。そしてオーストリアはハプスブルク家に奪われて、これがハプスブルク家の興隆の第一歩となるのだが、他方プシェミスル家もボヘミア王国は確保した。そしていわば捲土重来、今度はシュレージエンからポーランド方面に勢力を扶植していったのだが、一三〇六年、オタカルの二代後でプシェミスル家は男系が断絶する。そしていろいろ経緯はあったが、ボヘミアで王位継承に同意権をもっていた有力貴族たちは、ドイツ西部の名門貴族ルクセンブルク家の皇帝ハインリヒ七世の子、ヨーハンを選び、ヨーハンはプシェミスル家最後の国王の妹と結婚してボヘミア王となる。その長男がカールである。

カールとボヘミア

カール(一三一六—七八)は幼名ヴェンツェル(ヴァーツラフ)。政治がらみの父母の確執から三歳の時父によって母の膝元から離され、七歳の時パリに送られ、カペー朝最後の国王シャルル四世の庇護のもとで養育される(シャルルの妃は父の妹)。「カール」は堅信に当たって代父となったフランス国王が自分の名を与えたものである。

カールは一三三〇年パリを去り、翌三一年から二年間、父とともにイタリア遠征を行なう。教皇がアヴィニョンに去ってから、イタリアでは強力な皇帝による安定したイタリア支配を望む声が高まっていた。「ギベリン」「ゲルフ」の対立が再燃する。かの『神曲』の作者ダンテはカールの祖父ハインリヒ七世に普遍的帝国再建の夢を託したたし、のち皇帝となったカールには、詩人のペトラルカが熱い期待を寄せることになる。カール本人はそういう夢想とは縁遠いリアリストになるが、ともかくそのイタリアで、彼はヴィスコンティ家の手のものに毒を盛られかけたり、フィレンツェとの戦いを自ら指揮したりして経験を重ねながら、文人との交流を通じて初期人文主義の空気にも触れている。彼自身フランス語、イタリア語、ドイツ語、チェコ語を自由にあやつり、ラテン語で自伝を書いた文人である。自己顕示欲も相当なもので、あちこちに自分の名を冠した城を築いている。世界的に有名になったのは、城より温泉(カールスバート)の方だけれども。

一三三三年、カールはボヘミアに帰り、在外の父に代わってモラヴィア辺境伯、さらには国王代理としてボヘミア経営に当たっている。だから一三四六年、百年戦争でフランス側について参戦した父がクレシーの戦いで戦死したあとの王位継承はきわめてスムーズであった。この同じ年にヴィッテルスバハ家の皇帝ルートヴィヒ四世に対する対立国王に選出された彼は、四七年まずボヘミア王としてプラハで戴冠式をあげるが、その直後にルートヴィヒが没したことにより、合わせてドイツ国王＝皇帝になった。ドイツの選挙侯と皇帝はその前一三三八年、選挙侯により選ばれたドイツ国王は教皇の認可をまつことなくローマ皇帝とみなされることを約定していたのである。ただしドイツ国内では、ヴィッテルスバハ家を中心とする反対勢力も強く、一時は対立国王も出るような状況で、カールは一三四九年にアーヘンでドイツ国王としての戴冠をしたのち、当面ボヘミアの足元固めに専念することになる。

カールの治世

カールは四八年四月、折しも開催中の全ボヘミア領邦議会(領内貴族の身分制議会)に合わせて一連の勅書を発布するが、それによって彼は、ドイツ国王としての立場から自分のボヘミア国王・選挙侯としての諸特権を確認し、合わせて「ボヘミア王権」のもとでの諸領の一体性を国法化した。そして同時発布の他の勅書によって、単にボヘミアの首都のみならず皇帝の都としてのプラハの大々的な建設に着手し、なおその一環としてプラハ大学の設立を発令したのだった。あたかもドイツで意のままにならないことを、ボヘミアで一気にやってのけようとするかの如くである。ユダヤ人政策についても同じことが言える。

一三四八年という年は、ヨーロッパ史ではペストの年として知られている。東方からコンスタンティノープルとイタリアを経てヨーロッパに入ったペストは、何波にもわたって猛威を振るい、ヨーロッパの人口の何分の一かを死神の手に渡した。その際恐怖に駆られた民衆はユダヤ人を妄想の生贄にしたのである。十字軍の宗教的集団ヒステリーの中で行われた最初のポグロム=ユダヤ人大量虐殺の時と同じように、この恐怖の民衆運動はドイツでは西のアルザスあたりから東に向かって広がったが、皇帝カールはそれを阻止することができなかった。そればかりか、たとえばニュルンベルク市民に、市場を狭めているユダヤ人家屋を撤去し、ユダヤ教のシナゴーグ(教会)に代えて聖マリア教会を建設する許可を与えるなどして、これから起こることに手を貸してしまったのだ(四九年十二月、少なくとも五百六十二人のユダヤ人が火あぶりになった)。当時の彼は、ドイツではまだ地位が不安定で、積極的な行動には出られなかったということはあるだろう。どうにも避けられないことを利用して、将来のドイツ経営のための布石を敷いたという見方もある(中東欧経済圏の要としての帝国都市ニュルンベルクはカールにとって特別な意味をもっていた)。しかし、自分の行為が何を意味しているかは、カール自身よく分かっていたはずである。ボヘミア王としての彼はプラハ新市街への移民を歓迎し、関係法令で移民の筆頭にユダヤ人をあげてさえいる。そこに「つぐない」の気持ちがなかったとは言えないであろう。ペストの被害が少なかったこともあり、ボヘミアではポグロムは起こらなかった。

プラハ大学と金印勅書

カール四世がプラハ大学の設立者で、また金印勅書の発布者であることはよく知られている。前講で述べたようにヨーロッパの大学は、十二世紀の末頃に、まずはパリやボローニャで生まれている。それに踵を接してイギリスでもまずオクスフォード、そしてその枝分かれとしてケンブリッジ大学ができ、大陸でも西欧各地にいくつかの大学ができている。ところがライン川の東、神聖ローマ帝国の地域にはまだ一つもなく、それでドイツ人の学生は遠路パリやボローニャに行って学問を修めていた。この状況を打開し、プラハを「東方のパリ」たらしめようとしてつくられたのがプラハの大学で、パリで育った文人皇帝カールのイニシアティヴによる設立である。

他方「金印勅書」(金の印章が付されている皇帝文書。こういうものは他にもあるが、これだけが

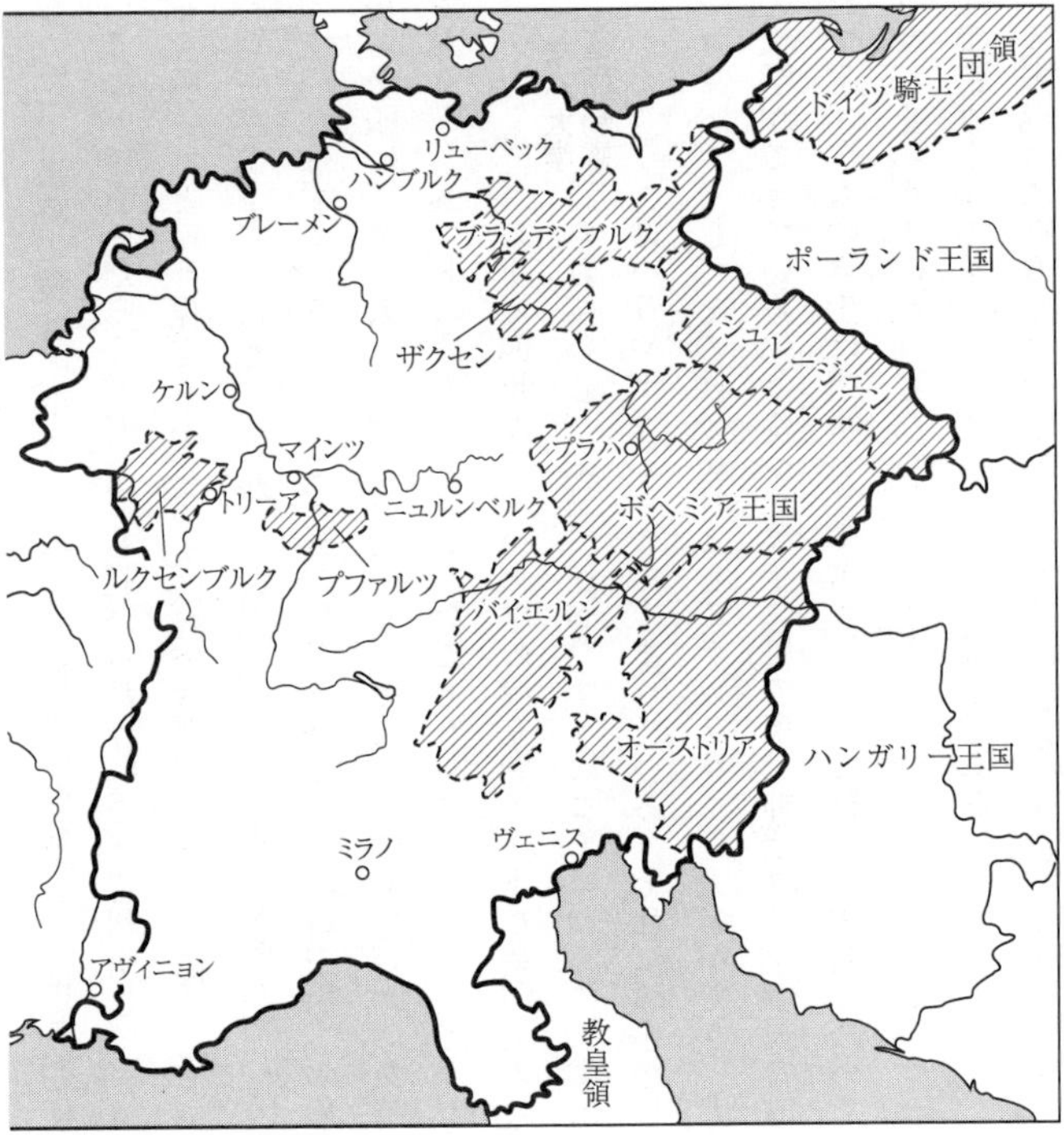

地図3　14世紀のドイツ

突出して有名になった）の方は一三五六年に出されたもので、国王＝皇帝選挙の手続きと選挙権をもつ七人の選帝侯を定め、なお選帝侯に国王に準じる諸特権を認めたものである。多数決制の導入などで選挙を秩序だて、二重選挙などの弊害を除いたこと、反面、選帝侯の国王的特権を認めたことでドイツの諸邦分立状態を承認したことなど、歴史的に極めて重要な意味をもつ文書で、最初の全ドイツ的憲法と言ってもよい。

ところで、プラハ大学の設立と金印勅書の発布と、この二つの事実はよく知られているのだが、この両者がどう関わっているかとなると、大抵の人はあまり考えたことがないのではないか。しかし同一の皇帝の政策として、この二つが無関係なはずはない。

そこで大学設立の手続きを見ると、カールがまず教皇の認可状をとりつけたのはその頃の新設大学の通例に従ったものだが、彼は他方自分でボヘミア国王としての大学設立文書、さらにはドイツ国王＝皇帝としての大学認可文書を出しているのだ。そこに皇帝としての自己主張があることは明らかであろう。その上彼は、学徒を保護したフリードリヒ一世の勅書「ハビタ」を引き合いに出し、あるいはフリードリヒ二世のナポリ大学設立文書から語句を借りたりもして、大学の設立認可は教皇だけの特権ではないことを暗に主張している。

そして彼は、これはほとんど知られていないことなのだが、プラハだけでなく、チヴィダーレ（一三五三）、ペルージャ（一三五五）からジュネーヴ（一三六四）、オランジェ（一三六五）、ルッカ（一三六九）まで、合計の九つの大学に皇帝としての設立認可状を発行しているのである。これらは実はほとんどが「紙上大学」にとどまった。しかしその場所を注意して見れば、これらはすべて皇帝の封主権の下にあるはずの、しかしアンジュー家のプロヴァンス領有などによって封主権がゆらいでいた北イタリアと南フランス・ブルグント王国の都市である。カールは一三五五年ミラノでイタリア王に戴冠、翌五六年ローマで皇帝としての戴冠式をあげ、さらに六五年アルルでブルグント（アルル）王に戴冠して、ドイツ・イタリア・ブルグント三王国の国王戴冠と神聖ローマ皇帝としての戴冠をすべて果たした最後の皇帝になるのだが、彼は大学の設立を通じて、自己の封主権と神聖ローマ帝国の版図を再確認しているとも言えるのである。

等族＝身分制的国制

カールの皇帝としての強い自己主張を見るとき、「金印勅書」に込められた彼の意図なども、自ずと異なって見えてくるはずである。カールの目指したものは、これが時代の流れでもあったのだが、基本的には有力諸侯の権利を認めつつ、その諸侯の合意を得て政治を行なってゆくというものであったろう。歴史家が等族制とか等族＝身分制と呼ぶ政治システムで、この場合、封建的家臣としての個々の諸侯ではなく、同等の身分としての有力貴族＝家臣団がパートナーとなる。そして主として租税賦課をめぐる国王と等族との協議・交渉の場が等族＝身分制議会であり、権力が国王と諸侯の間で分有されるようにも見えるので、等族制的二元主義ということが言われたりもする。

史上一三〇二年に始まるフランスの全国三部会やイギリスの議会(イギリスの議会が二院制身分制議会の形を整え始めるのが十四世紀中葉である)が有名だが、神聖ローマ帝国においても聖俗大諸侯からなる宮廷会議(国王の諮問会議)が、十二世紀以降、帝国の一つの機関に発展し、十四世紀には帝国都市も加わるようになって、「帝国議会」としての体裁を整えつつあった。「金印勅書」も一三五六年の帝国議会で議決されて帝国法となったものである。

しかし等族制的二元主義といっても、力関係は国により時代によりさまざまである。カール四世の場合、国王＝皇帝としての立場をできるならばより強く押し通したかった。しかしできなかった。それが実情ではないか。実は金印勅書とほとんど同時進行で、彼はボヘミアでも国王として「マイェスタス・カロリーナ」という勅書を出そうとしたのだった。折しも彼の異母弟のルクセンブルク公ヴェンツェルが、妻の所領ネーデルラント・ブラバント州の等族と「歓呼の入市《ジョワユーズ・アントレー》」と呼ばれる有名な協約を結び(一三五六)、これは州等族の特権を確認した等族＝身分制的国法として歴史に名を残すのだが、「マイェスタス・カロリーナ」の方は対照的に、国の平和と安寧の保障者としての王権の立場を強く打ち出し、まさにそのために貴族の反発を買って、結局反故にされてしまったのだった。

金印勅書と諸侯

金印勅書においてカールはずっと慎重である。しかしそれでも一三五五年に帝国議会で審議が始まったとき、当初の計画は、世俗選帝侯の確定、貨幣令、ライン関税と領内通行税の低減、国内平和(ラントフリーデ)問題、そして多数決による国王選挙の五点にわたっていた。結果は、選帝侯としてマインツ、ケルン、トリーアの大司教に加えて、ボヘミア国王を筆頭に、ライン宮中伯、ザクセン公、ブランデンブルク辺境伯の四世俗諸侯が確定され(おおむね既定の事実の確認だが、ここでオーストリアとバイエルンというボヘミアの二大ライヴァルが除外されていることに注意)、この選帝侯は帝国の支柱、かつ帝国永続の保障として、領国の不分割や世俗選帝侯国での長子相続制が定められ、貨幣鋳造権を含む国王大権も与えられた。そして彼らが多数決による国王選挙のほか、年一回の選帝侯会議で、ある程度地域的な管轄も分担しながら国政を議することになって、神聖ローマ帝国は、まずは国王と選帝侯会議を二本の支柱とする複合帝国、あるいは永続的選帝侯国を基盤とする選挙帝制とでもいうべきものになった。帝国の一体性・永続性の観点からは、これは一歩前進であったろう。

反面、通行関税の低減、また市民権の市壁外居住者への付与など都市の利益を図った条項は、諸侯の利益に反するとしてすべてカットされ、また諸侯に対抗するような都市同盟は国内平和に反するとして禁止された。もしカールの計画に、都市の保護によって多少とも諸侯に対する対抗勢力をつくり出す意図があったとすれば、これは大きな後退を意味していた。帝国は異なる言語を話す「諸国民」の国だから、選帝侯の後継者は七歳から十四歳の間に(これはカール自身がパリにいた期間に相当する)ドイツ語以外にラテン語、イタリア語、チェコ語を習得すべし、という条項を金印勅書第三一条に入れたこの「国際的君主」のイニシアティヴがもう少し発揮されたらどうなったか、という夢も描きたくなるが、現実はそう甘くはなかったようである。

カールの家門権力政策

金印勅書後、彼はボヘミア王国を中心とする家門権力拡大政策に専念するようになる。諦念というよりは、強大な家門権力あってこそ皇帝の権威も行なわれるというリアルな認識に基づくものであろう。最初の「近代的」君主と言われる所以である。自分自身や子供の結婚や相続契約を通じてシュレージエンを併合し、ブランデンブルク辺境伯領も獲得し(二つの選帝侯国を領有したことになる)、さらにオーストリアやハンガリーの領有まで視野に入れたのだった。晩年にはアヴィニョンの教皇のローマ帰還にも力を致して名声をさらに高め、抜かりなく皇帝位の世襲にも成功した。しかしそのルクセンブルク朝は、彼が遺領を子供に分与したこと、また相続者に器量が欠けたこともあって、もろくも四代で終わってしまう。家門権力を背景とした新たな皇帝政策は、カールの最大のライヴァル、ハプスブルク家に留保されることになる。歴史の皮肉である。

3　ハプスブルク家マクシミリアン一世と帝国改革

ドイツ東南方の大国として

ハプスブルク家は、前述のように、大空位時代後の最初の皇帝に選ばれたルードルフ一世が、ボヘミア王オタカルを破ってオーストリアを獲得し、ドイツ東南方の大国としての発展を始めるが(反面スイスの独立闘争によって、もともとの発祥の地を失うことになるのだが)、同家の皇帝位独占が始まるのは、一四三八年にアルブレヒトが帝位についた時からである。より正確には、翌年にはもう嗣子なくして没した彼の後の帝位を、同家別流のフリードリヒ三世(在位一四四〇—九三)が継ぐことに成功した時というべきだろうが、ともかくその後の同家の発展は、まことに結婚政策のサクセス・ストーリーとでも言うほかはない。

フリードリヒは息子のマクシミリアンを、当時独仏間に独自の強大な地域権力を築きつつあったブルゴーニュ公国の跡継ぎ娘と結婚させ、それによってマクシミリアンはブルゴーニュ公国と、その支配下のルクセンブルクからフランドル・ブラバントなどネーデルラント諸州をも手中にする（ブルゴーニュについてはフランスとの係争から、結局東半分のブルグント自由伯領＝フランシュ・コンテだけを確保するに止まったが）。

そしてこのマクシミリアン一世（在位一四九三―一五一九）はフランスとの敵対関係からスペインとの関係強化をはかり、息子のフィリップを、アラゴンとカスティリア両王国の王女ファナと結婚させることに成功する。そしてより上位の相続権者が次々世を去り、おまけにファナが精神を病んだため、結局フィリップが両国の統治権を握ることになり、フィリップ自身は早く没したものの、その長男カールがスペイン王カルロス一世となり、さらには神聖ローマ皇帝カール五世（在位一五一九―五六）となることになる。そしてオーストリアの統治を任された弟のフェルディナントは、ボヘミア・ハンガリー両王国を支配するヤギェロ朝の王女と結婚して、結局この両王国を手に入れてしまう。新大陸のスペインの所領と合わせて、まことに「太陽の没することなき」大帝国の出現である。これが宗教改革時代のハプスブルク帝国である。

イタリア戦争と帝国改革

ここで話を少し元に戻そう。マクシミリアンはフランスとの対抗関係から、一四九四年にフランスがイタリアに侵入すると、イタリア諸都市と同盟してイタリア戦争を戦うことになる。この戦争は新しい「国際関係」の出発点となり、そこからして「近世」開幕のメルクマールともされているのだが、これはまた「ドイツ国民の神聖ローマ帝国」にも新しい動きをもたらした。マクシミリアンは戦費調達のためにヴォルムスに帝国議会を招集する。これは彼が皇帝即位後招集した最初の帝国議会だが、ハプスブルク家の家門政策を警戒していた諸侯は、この機会を捉えて皇帝に帝国改革を迫る。そして皇帝と諸侯との綱引きの中で行われ、どちらかというと諸侯側の主張がより多く通る形で以後の帝国の枠組みをつくり出したのが、一四九五年の「帝国改革」である。

この改革によって帝国議会は選帝侯部会と一般の聖俗諸侯部会、そして都市部会から成る帝国等族の身分制議会として、遅ればせながら一応の形を整えることになった。金印勅書で選帝侯だけの特権とされたものが、実際には一般諸侯の手にも渡り、帝国議会も実情に応じて再編成されざるを得なくなったということであろう。一五二一年の「帝国台帳」によれば、帝国議会に代表されるのは選帝侯部会を構成する七人の選帝侯のほか、諸侯部会に四人の大司教(マクデブルク、ザルツブルク、ブザンソン、ブレーメン)、四十六司教、八十三高位聖職者(修道院長等)、そして二十四人の世俗帝国諸侯および百四十五人の伯など下位諸侯が属し、最後に都市部会が八十三帝国都市によって構成されている。

これら帝国等族は一四九五年に帝国法として布告された「永久国内平和令」により、法的係争における一切の自力救済=私闘(フェーデ)を禁じられた。中世には、紛争を武力に訴えて解決するのも正規の法的行動とされ、だから法の主体たり得るのは自ら武装する者に限られたのだが、これまでに何度も出され、今度は「永久に」施行されることになったこの平和令によって、以後紛争解決はすべて裁判手続きによることとされた。そして同時に帝国の最高裁判所として「帝国最高法院」がつくられたのである。もっとも、帝国等族の裁判所の観を呈したこの「最高法院」(あちこち転々として最後はヴェッツラーに落ちつく)に対し、皇帝は独自にウィーンに「帝国宮内法院」をつくったから、帝国は皇帝と帝国等族＝諸侯の綱引き状態を反映して二つの最高裁判所をもつことになる。

しかし、この「帝国改革」がどういう方向に向かってゆくか、さしあたりはすべてが流動的であった。そこへ現れたのがルターである。

第4講
宗教改革時代のドイツとヨーロッパ

「95箇条の論題」を公表するルター

関係年表

1351	イギリス「聖職者任命無効令」．教皇庁の影響排除へ
1378	教会の大分裂（シスマ，～1417）
1414	コンスタンツ公会議（～18）
1438	ブールジュの国事詔勅．フランス，ガリカニスムの立場を確立
1516	フランスと教皇庁，ボローニャの政教協約
1517	ルター，「95箇条の論題」／この頃フッテン，『アルミニウス』執筆
1519	カール五世皇帝即位（～56）／ルターとエックの神学論争
	ツヴィングリ，チューリヒで宗教改革に着手
1521	ヴォルムスの帝国議会，ルターを帝国追放に／ハプスブルク帝国，スペイン・ネーデルラントとオーストリアに二分／イタリア戦争始まる
1522	騎士戦争（～23）
1524	農民戦争（～25）
1529	ウィーン，オスマン軍に攻囲される
1541	カルヴァン，ジュネーヴで宗教改革
1545	トリエント公会議（～63）
1546	シュマルカルデン戦争
1555	アウクスブルクの宗教和議
1556	カール五世退位．フェルディナント即位（～64）
1618	三十年戦争始まる／ブランデンブルクのホーエンツォレルン家，相続によりプロイセン公国を獲得
1648	ウェストファリア条約

1　教皇庁とヨーロッパ諸国

ここで宗教改革の前史をくわしく述べることはできないが、宗教改革時にドイツが置かれていた状況を知るためにも、教会の大分裂以後の教皇庁とヨーロッパ諸国の関係を一瞥しておくことが必要であろう。

コンスタンツ公会議

アヴィニョンの教皇庁は、皇帝カール四世の時代、一三七七年にローマに帰還するが、教皇を補佐する枢機卿の間に対立があり、フランス人枢機卿は早くも翌年にはローマを去って再びアヴィニョンに自分たちの教皇を擁立する。これが教会の大分裂のはじまりで、最後は三人の教皇の鼎立といった事態にもなって教皇の権威を失墜させるのだが、これが一四一七年、コンスタンツ公会議で新教皇が選出されてようやく収束をみる。この公会議ではまた、ボヘミアの宗教改革者フスが異端を宣せられ、火刑に処せられている。

なおこの公会議では、教会の最高権威の在り処をめぐって、教皇至上主義と公会議主義の対立があった。公会議主義というのは、信仰や教会運営上の問題で決定を下すのは教皇個人ではなく、教皇が主催する司教など高位聖職者の教会会議(公会議)であるという考えである。コンスタンツではフランスの王権が後押しした公会議主義が優勢であったが、その後教皇権の再強化をはかるローマ教皇側の巻き返しがあって、対立は長く尾を引いた。これが宗教改革期、カトリック側の足並みの乱れにもつながったのである。

教皇と世俗諸国家

しかし教皇にとってより大きな問題は、つきつめれば教皇の普遍的至上権などもはや認めようとしない世俗的諸国家の出現であったろう。イギリス、フランスなど、まだ近代的な意味での「国民国家」とは到底言えないが、国王の「主権」の下に地域的諸権力が編み込まれる形で、ある程度の領域的まとまりと民族的同質性をもってヨーロッパ各地に姿を現してきた世俗的主権諸国家である。一面では、ローマ教皇庁自体がこの動きを促進したとも言える。すでにアヴィニョンの「捕囚」時代に当時としては模範的な教会行政組織をつくり上げていた教皇庁は、教皇庁を中央政府とし、イタリアの教皇領、さらにはヨーロッパ各地の教会と教会領を支配する中央集権的行財政組織をつくろうとしていた。それは世俗諸国家の模範にさえなるものだったのである。

しかしヨーロッパの地域主権諸国家は、その国家主権の論理からして、教皇の教会行政権が自国内に入り込むことを拒否しようとする。たとえば教皇による聖職叙任には聖職就任税など多額の献金が結びついており、教会の行政網はそのままローマの集金網でもあったから、なおさらのことである。イギリスの王権は早くもアヴィニョン教皇の時代以来、国内の教会管理について教皇の介入を事実上排除する体制をつくり始めていた。教皇庁からの国内聖職者の直接任命を禁止した一三五一年の「聖職者任命無効令」や、教皇庁への上訴を禁止した五三年の「上訴禁令」などがそれである。フランス王権は公会議主義を後押しする一方、フランス領内の教会管理権は王権に帰するという、いわゆるガリカニスムの立場をとり、一四三八年のブールジュの国事詔勅で、これを国の基本原則として宣言するに至っていた。そして一五一六年のボローニャの政教協約で、フランス国内の高位聖職者の任命権はフランス国王にあることを、教皇に正式に認めさせたのである。

こういう諸国家の動きがあるなかで、教皇の現世的存在のありようは世俗的君主に近づき、出費は増える一方であった。時あたかもルネサンスの最盛期である。ルネサンスの造形芸術の最大のパトロンはヴァティカンその他に豪華な宮廷生活を営む教皇だったのだ。教皇領からの収入では到底出費を賄うに足りず、それを補う手だての重要な一つが贖宥状(罪の償いを免除する証書。俗称免罪符)の販売であったが、以上の状況からしてイギリス、フランスでの贖宥状販売には限界があり、目は自ずとドイツに向けられることになる。

「ローマの雌牛」ドイツ

ドイツでは皇帝権の弱体化とともに、帝国のタガがゆるみ、司教・大司教などの聖界領が世俗領邦と並んで半独立の地位を得るに至っていた。これは教皇権力がもっとも入り込みやすい状況であると言える。そして教皇は実際にこれを利用し、ドイツからさまざまな形で金を吸い上げていたのであって、まさにこの意味でドイツは「ローマの雌牛」と言われていたのである。当然それに対する反発も生じる。それは十五世紀半ば以降教皇庁に宛てて多数送付された「ドイツ国民のグラヴァミナ(苦情書)」に明らかである。

この「グラヴァミナ」に対するローマの応答として、古典の学識に富む枢機卿ピッコロミニ(のちの教皇ピウス二世)は一四九四年、タキトゥスのそれと対照的な『ゲルマーニア』を著し、ゲルマン時代以来のドイツのめざましい発展を指摘して、この間のキリスト教会の役割を弁護した。これに対する反論を通じて、人文主義者を中心に、ドイツ側の「国民意識」も深められる。人文主義者の帝国騎士フッテンが「ゲルマーニアの解放者」を主題に風刺対話劇『アルミニウス』(一五一五—二〇頃)を書いたのも、この関連においてであった。一五一七年十月、ヴィッテンベルク大学の聖書学教授マルティン・ルターが贖宥状の効力に関する「九十五箇条の論題」を公表したとき、これがドイツ社会の各層に広く大きな反響を呼んだのは、以上のような諸状況を背景にしてのことである。

2　宗教改革と皇帝、諸侯

カトリック教会には、ひとは「善行」を積むことによって罪を償い、救済に近づくことができるという考えがある。教会というのは神の教えを伝えるとともに、罪深い人間の赦免と救済を仲立ちする組織であると言ってもよいだろうが、この組織はさまざまな形で「善行」を奨励する。ルターが問題にした贖宥状は、周知のようにヴァティカンのサン・ピエトロ大聖堂の改築資金を集めるためのものであった。教会造営のための贖宥状購入は当然信者の善行と解され、購入者はその善行によって罪を償うことができる。これが教会の正統の解釈である。

ルターの改革思想

ルターはしかし、カトリック教会を支えるこの考えを根底から疑問に付したのだった。救済に至る道を求めて苦闘した彼が最後に行き着いたところは、ひとが神の前で義とされるのは善行によってではなく、信仰によって、しかも信仰のみによってであるという確信（「信仰義認論」）だったからである。贖宥状による罪の赦しなどということはもちろん認められないが、このとは贖宥状の赦免効力の問題に止まるものではない。

贖宥状の販売実務担当者の修道士テッツェルの告発により、一五一九年六月、ライプツィヒでの神学者エックとの神学論争に臨んだルターは、聖書をもって信仰の唯一の正しい根拠としたところからエックの誘導尋問に引っ掛かり、フスを裁いたコンスタンツ公会議の決定にはいくつかの疑問があるという発言、さらには、公会議も過ちを犯し得るという決定的な発言をしてしまう。

彼はこれによって異端の疑いがかけられることになるが、反面彼自身は、自分の信仰を貫くためには教会の全面的な改革が必要であることを認識するにいたった。つまり、神学者から宗教改革者になったのである。翌一五二〇年、彼はまなじりを決して『キリスト教界の改善についてドイツ国民のキリスト教貴族に告ぐ』、『教会のバビロン捕囚』、『キリスト者の自由』という、いわゆる宗教改革の三大論文を発表する。一五二一年、ローマ教皇はルターに対し破門を宣告した。

ルターとカール五世

ここでルター（一四八三―一五四六）を改めて当時のドイツの状況の中に置いてみよう。

ルターは中部ドイツ、ハルツ山系の東麓の小邑アイスレーベンで生まれている。両親も少し南だが同じ中部ドイツ・テューリンゲン地方の出である。彼はこの地方のエルフルトの大学で学び、この地方の支配者、ザクセン選帝侯フリードリヒ賢公が一五〇二年につくったばかりのヴィッテンベルク大学の教授になっている。だから彼の生活圏はザクセン・テューリンゲンという中部ドイツの心臓部とぴったり重なっている。ルターのドイツ語訳聖書が広く読まれて近代ドイツ語の基になったと言われるが、これには彼の生活圏の中部ドイツが、北の低地ドイツ語と南の高地ドイツ語のまじわる中間地帯であり、彼の言葉が北にも南にも通用する性質のものであったことが大きく与かっているのである。

このルターに比べ、皇帝カール五世の生活圏は何と異質なものだったろうか。彼は皇帝マクシミリアンの子であるブルゴーニュ公フィリップとスペイン王女ファナの長男として一五〇〇年にネーデルラントのガン(ヘント)で生まれている。ブルゴーニュとネーデルラントの宮廷で養育され、長じてはスペインの宮廷で過ごし、フランス語やスペイン語は話すが、ドイツ語は終生ものにできなかったという人である。

政治顧問ガッティナラによって中世の普遍的帝国再建の夢をかき立てられた彼は、一五一五年にブルゴーニュ公、一五一六年にスペイン王カルロス一世となってスペインとブルゴーニュ・ネーデルラントおよびその属領の支配者となり、一五一九年には対立候補フランスのフランソワ一世を選挙で破って神聖ローマ帝国皇帝にもなって、まことに「太陽の没することなき」普遍的帝国をこの世に実現するかに見えたのだが、その権力の基盤は、彼が皇帝になったのちにおいてさえも、ドイツではなく、スペインとブルゴーニュ・ネーデルラントであった。彼は皇帝即位早々、一五二一―二二年の分割協定で、ドイツのハプスブルク家領と、皇帝不在時の皇帝代理権、そして帝位継承権を、弟のフェルディナントに譲ってしまうのである。

皇帝と諸侯

しかしそれにしても、こういう巨大な皇帝の出現はヨーロッパの勢力のバランスを崩す恐れがあった。それはローマ教皇にとっても、またヨーロッパ＝キリスト教世界筆頭の君主を自認するフランスのフランソワ一世にとっても、そして帝国改革をめぐって皇帝権力と主導権争いをしていたドイツの諸侯にとっても好ましい事態ではない。

ここでまず国際関係の大局を整理すれば、カールは皇帝即位後間もなくイタリア支配をめぐってフランス王と四度にわたる「イタリア戦争」を戦うことになるが(一五二一―二六、一五二七―二九、一五三六―三八、一五四二―四四)、その際フランス王は常に東方の異教の大国トルコと結んでいて(一五三六年には正式に友好条約が結ばれている)、このトルコの東からの侵攻のため、オーストリアとドイツの統治を委ねられたフェルディナントはその防衛に忙殺されることになる。これはドイツ内の宗教改革の進展にも重大な影響をおよぼした。皇帝がドイツを不在にしたばかりではない。戦争のためには資金が必要であり、その資金の捻出のためにはドイツ諸侯の協力が必要であり、そのためには諸侯への譲歩もまた必要だったからだ。反面、帝国改革をめぐって皇帝と綱引きをしていた諸侯の立場からすれば、すべてが皇帝との取引き材料になった。ルターの問題も、もちろんその一つである。

このことは、帝国の等族＝身分制的構造からして必然であった。帝国だけではない。スペインとネーデルラントも等族制国家であり、巨大な皇帝カールといえどもその政治的行動は、コルテスや州議会といった身分制議会による掣肘から決して自由ではなかった。そして帝国においてカールは、すでに皇帝選挙時の「選挙協約」において、統治は帝国の法と慣習に従うべきこと、重要な政治的決定は帝国等族との事前の協議を経て行なうべきことを約束させられていた。そしてその協約第二四条は、いかなるドイツ人も事前の審問なしに破門に処せられることはないことを定めていたのだ。カールが、二一年一月に教皇によって破門されたルターを、同月招集のヴォルムスの帝国議会で改めて審問する、という手続きをとらざるを得なかったのも、そのためである。

ルターは四月十七—十八日の審問を経て、翌五月、ヴォルムスの勅令により帝国追放刑に処せられるが、すでにヴォルムスを出ていたルターは、勅令が出されるよりも前に、テューリンゲン山中で覆面の騎士にさらわれるという形で、フリードリヒ賢公によりヴァルトブルク城に匿われたのであった。

宗教改革の展開と国内の混乱

ヴォルムス以後のドイツの状況を、ここでこと細かに跡づけることはできないが、全体の状況を思い切ってまとめて言えば、改革運動を進める側にも、それを阻止しようとする側にも、実は中心的存在が不在だったということが言えるように思う。そこからしてドイツには一時アナーキーな状況が生じてしまった。問題は誰がそのアナーキーの収束の主役になったかである。

中心の不在ということに関して、私たちはまず、皇帝カール五世がそもそもドイツにいなかったということをよく頭に入れておく必要がある。彼はスペインでの反乱騒ぎやイタリア戦争のため、ヴォルムスの国会のあとドイツを去り、一五三〇年まで十年間もドイツを留守にしていたのだ。実に決定的な十年間である。その間皇帝代理を勤めたのはフェルディナントだが、彼のドイツ統治は、ヴォルムスの国会で皇帝不在時の統治機関と定められた帝国統治院（皇帝代理と諸侯の代表者から成る）と毎年開かれる帝国議会に縛られていたし、その上一五二九年の「ウィーンの攻囲」で頂点に達したオスマン・トルコ軍の攻撃にさらされ、実際の話、ルターの処置にまともに取組むような状況ではなかったのである。一五二六年に、妃の兄でハンガリーとボヘミア国王ラヨシュ二世がトルコ軍とのモハーチの戦いで戦死したことにより、フェルディナントはボヘミアとハンガリーを領有することになるが、一五二九年に彼がドイツ諸侯の援助を得てトルコ軍を撃退したのちでさえも、広大なハンガリー平原の三分の二はトルコの占領下に留まったのであった。

　その一方でルターも不在であった。ヴァルトブルク山上に姿を消してしまったからである。彼がヴァルトブルクにいたのは二一年五月はじめから翌年三月はじめまでの十カ月で、これはかなり決定的な十カ月であった。この間ルターは山の上で聖書のドイツ語訳に没頭しているが、下界では宗教改革が、いわばルター抜きで始められてしまったのである。ルターとほぼ時を同じくして、スイスのチューリヒではツヴィングリが独自の宗教改革をはじめていた。そして都市共同体に根ざしたこのツヴィングリの改革は南ドイツの帝国都市に広まってゆくのだが、ルターにとってより深刻な事態は、お膝元のヴィッテンベルクで神学教授カールシュタットが聖職者と俗人の区別はもとより、一切の宗教儀式を否定し、聖像破壊を奨励するような過激な改革をはじめたという事態である。

こういう変革運動は一旦動きだすと先へ先へと過激化してゆく。南ザクセンのツヴィッカウでは、この町の説教者ミュンツァーが現行社会秩序を否定し、一種の共産主義社会を展望するような変革論を唱えていた。こういう状況でルターはヴィッテンベルクに帰り、この町と近辺の混乱を一応は収める。しかし全ドイツ的に見ると、改革運動はすでに彼のコントロールできる範囲を越えてしまっていたのである。

騎士戦争と農民戦争

こういう状況で、社会にみなぎっていた不満がさまざまな形で噴き出してくる。その最たるものが騎士戦争と農民戦争である。

前者は「帝国騎士」と呼ばれる神聖ローマ帝国の下級貴族たちの反乱で、戦争の主力が傭兵軍に移行するなど時代の変化に取り残され、経済的にも窮乏した彼らが、聖界諸侯を打倒し、それによってローマのドイツ支配を打破するとともに、騎士を柱として神聖ローマ帝国を再建しようとした、相当に時代錯誤的な反乱である。『アルミニウス』を書いた人文主義者の騎士ウルリヒ・フォン・フッテンを思想的指導者として、一五二二年夏トリーア大司教を攻めて失敗、大司教と応援の諸侯の軍によって壊滅させられた。フッテンはチューリヒに逃れ、そこで翌年病没する。

それに対して農民戦争は、地方国家として体制を整備しつつあった諸領邦によって古来の権利を次々と奪われていった農民が、宗教改革に触発され、自分たちの「古き権利」のための戦いを「神の法」のための戦いに転化させて蜂起した一大反乱で、一五二四年初夏、西南ドイツから発した蜂起は、南ドイツ一帯から東はオーストリア領ティロルの山中へ、北は中部ドイツのヘッセンやザクセン・テューリンゲン地方に広がってゆく。そして中部ドイツの農民蜂起はミュンツァーの革命神学の影響を受けて社会革命的な性格をも示したのだが、史上「ドイツ大農民戦争」と呼ばれるこの大規模な農民蜂起も、大半はその年のうちに、残りも翌年には諸侯の軍隊によって鎮圧されてしまう。諸侯の懲罰は苛酷を極め、全体で約十万の農民が命を失ったと言われている。

ルターのカトリック教会批判を契機として、騎士戦争と農民戦争という、およそ性格を異にする反乱が相次いで起こったところに、当時のドイツの混迷した状況が現れているが、それらがいずれもドイツ諸侯の軍によって鎮圧されたことに、当時のドイツの力関係がよく示されている。皇帝に事態を収める暇がなく——そもそも不在だった——、ルターもまた、治安回復と秩序だった改革の主導権を諸侯に期待する他はなかった。物事はもはや諸侯なしには一歩も動かない。それはすでに明らかである。ルターの教説を受け入れる諸侯と、それを混乱の根源として弾圧しようとする諸侯が対立するなか、一五二六年のシュパイアーの帝国議会においては——八月末、モハーチの戦いの二日前のことである——結局「ヴォルムスの勅令に関わる事柄においては、各人〔諸侯〕が、神と皇帝陛下に対して責任がとれると自ら期待し、信ずるように生活し、統治し、事態を処理すべきこと」が決定された。諸侯による宗教改革への道が踏み出されたのである。

三年後、一五二九年になってカトリック派が巻き返しをはかり、同じシュパイアーでの帝国議会でヴォルムスの勅令の復活励行を決議するが、それに対して五人のルター派諸侯と十四の帝国都市が「抗議書」を提出する。ここから「プロテスタント」の名称も出たのだが、ここでルター派はまだ少数に止まっていることが注意されなければならない。彼らの生き残りがかかった諸侯同士の戦いが始まる。

3　ドイツとヨーロッパの宗教的分裂

アウクスブルクの宗教和議

ルター派とカトリック派諸侯の戦いは、宗教闘争というよりも政治闘争そのものである。しかし、「プロテスタント」七諸侯と十一都市の「シュマルカルデン同盟」結成（一五三一）から「シュマルカルデン戦争」（一五四六—四七）という内戦も経て、一五五五年の「アウクスブルクの宗教和議」に至るまでの政治の動きは、ここで語るにはあまりにも複雑である。ここでは簡単に、数においても力においても全くの劣勢であったプロテスタント側が、なぜ生き延びられたのかについて、いくつかの留意点を指摘するにとどめたい。

一つには皇帝側が三〇年代においてはまだフランスやトルコとの敵対関係に縛られ、ドイツの問題の決着を先延ばしにして、相手を圧倒する好機を失したことがある。皇帝と教皇の思惑の乖離もあった。

しかし、皇帝権の強大化をもっとも恐れたのは、党派を問わずドイツの諸侯たちである。シュマルカルデン戦争に皇帝がスペイン軍を動員したこと、またそのスペイン軍をドイツに留めたことは、カトリック派を含めてドイツ諸侯を皇帝から離反させた。その上、カールが息子でスペインの継承者フェリペを、フェルディナントの後の皇帝位継承者にしてスペインとドイツの再結合を計ったことが、ドイツ諸侯を決定的に離反させた。彼らにとってそれは「スペインへの隷属」を意味したのであり、彼らは「ドイツの自由」の名のもとに皇帝に抵抗する。そして一五五二年にはその抵抗が戦争にさえなり、皇帝はドイツ諸侯軍に破れてイタリアに敗走する憂き目に遭う。以後カールは無力感に陥り、一切をフェルディナントに委ねて自分は政治から身を引く。そして五六年にスペインで修道院に入ってしまうのである。

一方フェルディナントは、その前年の一五五五年、アウクスブルクに帝国議会を招集し、「領主の宗教がその地の宗教」の原則に基づく「アウクスブルクの宗教和議」を成立させたのであった。こうしてプロテスタントの存在が正式に認められたのである。

この宗教和議によって、ルター主義を選ぶかカトリックに留まるかは諸侯や各都市当局（市参事会）に委ねられ、住民はその決定に従うことになった。プロテスタントでもツヴィングリ派や、その後を受けて発展したカルヴァン派はまだ正式には認められず、選択肢から除外されている。なお「お上」の選択に従えないものは、移住税を払えば他領邦に移住できたが、そうでない限り「お上」の宗派に従うのである。帝国都市については二つの宗派の併存も認められたが、一般領邦については、一領邦一宗派の時代が始まる。

領邦教会制度

ルター派諸領邦においては、君主の統制下に領邦教会制度が整えられる。これは簡単に言えば領邦単位の国家教会である。領邦君主がその領邦の教会の首長となり、従来司教がもっていた教会監督権を掌握する。宗務局という教会行政機関がつくられ、つまりは教会が国家行政機構に組み込まれる。こうして領邦国家の領民支配が教会関係まで含めて完成するのである。

しかし領民支配の強化は、実はカトリック諸領邦でも同じであった。君主側は教会監督局を設置して、領内教会をきびしい統制下においたのだが、この監督局の役割はルター派諸領邦における宗務局のそれと異なるところがなかったのである。強化されたのは領邦君主の支配権である。

こうしてドイツの宗教改革は、信仰をめぐる神学的な議論から出発しながら、当時の政治状況の中で、皇帝と諸侯の力関係と政治的取り引きによって処理され、結局は諸侯権力を強化し、領邦の国家体制をさらに固める結果に帰着した。西欧諸国ではイギリス、フランスといった単位で推し進められた国家の教会統制が、ドイツの場合領邦ごとに行なわれたと言ってもよいが、いずれにせよドイツでは、中世以来の国家的分裂がいまや宗教的にも徹底されてしまったのである。

対抗宗教改革

宗教改革はドイツとスイスから全ヨーロッパに広がってゆく。ルター派はドイツでは北ドイツ一帯に広がり、はるか北東のドイツ騎士団国家もルター派に改宗して「プロイセン公国」となった。ルター派はさらに北ヨーロッパ・スカンジナヴィアを二分していたデンマークとスウェーデンに導入されるが、それを主導したのは、それぞれの領域支配権を固めようとしていた両国の王権であった。他方ジュネーヴに発するカルヴァン派は、フランスに入ってユグノー、スコットランドでは長老派、イギリス(イングランド)ではピューリタンとなる。ドイツでは選帝侯国の一つのライン宮中伯領(プファルツ)がカルヴァン派を受け入れている。

もちろんカトリック教会も手をこまねいていたのではない。一五四五—六三年のトリエント公会議がカトリック改革＝対抗宗教改革の出発点となった。そしてこの対抗運動の旗手となったのが一五四〇年に教皇の認可を得た騎士修道会のイエズス会である。ヨーロッパ的に見るとカトリックの牙城はイタリアとスペインということになるが、フランスもユグノー戦争という動乱を経て、結局カトリックの国であり続けることになった。ドイツではバイエルンを中心とする南ドイツが（ルター派となったヴュルテンベルクを除いて）カトリックに留まり、マインツ・ケルン・トリーアの三聖界選帝侯領もライン地方にカトリック勢力を守っている。

宗教的統一体としてのヨーロッパは分裂してしまった。ドイツも分裂した。ドイツは分裂したヨーロッパの縮刷版だったと言えるかも知れない。

ドイツがヨーロッパの縮刷版ならば、皇帝の国オーストリア・ハプスブルク領も、それ自体が小ヨーロッパであった。宗教改革の波動はこの国にもおよび、ボヘミア、オーストリア、そしてハンガリー西部にはルター派が、東部（トランシルヴァニア）にはカルヴァン派が広まっている。皇帝代理、ついで皇帝となったフェルディナントは、どちらかというと改革思想に寛容な人だった上、彼の死後、ハプスブルク家領は帝位を継いだマクシミリアン（二世）とその兄弟の間で分割され、オーストリア全体の統一的君主権がなくなってしまったのだ。その上この兄弟間に争いが絶えず、他方皇帝はトルコとの戦争のため、領内等族の支援を得なければならなかった。皇帝と帝国等族＝諸侯との関係が、領内の領邦等族との間にもあったのである。

オーストリアの対抗宗教改革は一般に皇帝ルードルフ二世(一五七五—一六一二)の時代から始まるとされているが、そのルードルフ二世が一六〇九年にはボヘミアの領邦等族に対して「特許状」を発し、等族の古来の権利と宗教の自由を承認しなければならなかったのだ。三十年戦争(一六一八—四八)は、兄ルードルフから帝位を奪った皇帝マティアスがこの「特許状」の制限を試み、ボヘミアの等族がそれに抵抗したところから起こったのである。もちろん、ドイツにおいてプロテスタント諸侯の「同盟(ウニオン)」(一六〇八)と、カトリック諸侯の「連合(リーガ)」(一六〇九)が対峙するという一触即発の情勢があり、しかも「同盟」の背後にはフランス、イギリス、オランダが、「連合」の背後にはスペインやローマ教皇がいるという国際関係を背負ってのことで、だから皇帝とボヘミア等族の争い自体は、一六二〇年のプラハ郊外「ビーラー・ホラ(白い山)の戦い」で等族軍が壊滅することで早くも決着がついてしまったのだが、それで一件落着というわけにはいかなかったのである。

三十年戦争　ボヘミアの紛争に発して長期かつ複雑な国際戦争になった三十年戦争の筋道を、数々のエピソードとともに物語ることは、紙幅上断念しなければならない。ここでは戦争を飛び越えて、この戦争の国際的平和条約であり、ドイツのこの後の発展の国制上の基本条約ともなったウェストファリア条約について、若干のコメントをつけるにとどめたい。

フランスとスウェーデンがドイツの諸侯とともに皇帝と交渉・締結したウェストファリア条約（皇帝とカトリック諸国がウェストファリア〔ヴェストファーレン〕地方のミュンスターで、プロテスタント諸国が同地方のオスナブリュックで結んだ条約の総称）は、国際条約として、たとえばスイスやオランダの独立を承認しているが、ドイツ（神聖ローマ帝国）に関して留意すべきは、おおむね以下の三点である。

領土関係では、スウェーデンがヴェーザー川、エルベ川、オーダー川の河口に領土を獲得した。ユトランド半島の付け根ホルシュタイン公国はデンマーク領となる。ライン川の河口はオランダだから、ドイツは大きな河川をもちながら、海への出口をすべて外国勢力に制せられるという事態になった。他方フランスは独仏間のロートリンゲンやエルザス地方に領地を得、ライン川に向かっての領土拡大のための橋頭堡を築いた。当時のヨーロッパ国際関係の中でドイツが置かれた状況がここによく表れている。

神聖ローマ帝国の帝国等族＝諸侯と諸帝国都市は、領邦国家としての君主的・国家的諸特権（「領邦高権」）を確認され、若干の留保つきながら外国との条約締結権さえ認められた。神聖ローマ帝国は三百余の大中小諸国の連合体であることが確認された。中世以来積み重ねられた既成事実の確認といえばそれまでだが、ともあれドイツの領邦的分裂がここに国際法的にも承認されたわけで、分裂を常態化したこの条約を前提にする限り、ドイツの「国民統一国家」への発展ははなはだしく阻害されることになる。だから十九世紀以来の「国民主義的」歴史記述においては、この条約は一般に否定的に評価されることが多い。反面、諸邦の連邦制をドイツの国制の独自性と捉える立場からすれば、これをドイツの連邦制的統合への新たな出発点と見ることもできる。私自身、こういう見方をするものの一人である。

「領主の宗教がその地の宗教」の原則は、今度はカルヴァン派にも権利を認める形で再確認された。各領邦の宗派は、一六二四年を基準年として固定された。ただし、異なる宗派の信徒や信徒団体の存在も認められ、もはや強制改宗はないものとされた。こうして宗教的紛争や戦争の火種が取り除かれたのである。これは一見ドイツ独特の状況に規定された妥協のように見える。しかし、イギリス国教会の例を引くまでもなく、「領主の宗教がその地の宗教」の原則は、実はおおむね他国にも当てはまるのであって、なおユグノー戦争におけるユグノー派の首領だったブルボン家のアンリ(四世)が、フランス王となってカトリックに改宗し(これは領主の方が自分の宗教を国の宗教に合わせるという形で両者を一致させたと言えるだろう)、一方ナントの勅令を発して国内にユグノーの存在を認めたように、各国とも「国教」を定めながら、国教の信徒以外のものの存在を許容するために、何らかの工夫をすることになる。それが普通である。この点でもドイツ=神聖ローマ帝国はヨーロッパの縮図なのであった。

第5講
絶対主義の歴史的役割

「フランツ1世，マリア・テレジアと13人の子どもたち」

関係年表

1648	ウェストファリア条約．ドイツの諸領邦，「領邦高権」を認められる
1653	ブランデンブルク「大選帝侯」，領邦議会と軍事税で協約
1683	ウィーン，再びオスマン軍に攻囲される
1688	プファルツ継承戦争(〜97)．フランス軍，プファルツを「焦土化」
1699	カルロヴィッツ講和条約．全ハンガリー，オーストリアの支配下に
1701	スペイン継承戦争(〜14)／プロイセン公国，「王国」に昇格
1713	オーストリア，「プラグマティッシェ・ザンクツィオン」発令／プロイセン，フリードリヒ・ヴィルヘルム一世即位(〜40)
1740	オーストリア，マリア・テレジア即位(〜80)／プロイセン，フリードリヒ二世即位(〜86)／オーストリア継承戦争(〜48)
1756	七年戦争(〜63)
1765	ヨーゼフ二世皇帝即位(〜90)
1780	オーストリア，マリア・テレジア没してヨーゼフ親政
1786	フリードリヒ二世没
1789	フランス革命勃発
1790	ヨーゼフ二世没

1　三十年戦争の災害と復興の課題

戦争の災害の評価をめぐって

三十年戦争はドイツに大きな災害をもたらした。それは議論の余地もない事実である。ただその被害がどの程度のものであるかについては、見方はいろいろである。一頃のように、ドイツの人口が半減したとか、この戦争によりドイツの発展は西欧諸国に対して一世紀も二世紀も遅れをとることになったとかいうような極端な言説は、研究の進展によってさすがに影をひそめたが、それでも学者の間には、現在でも大きな見解の相違が見られる。

例えば現在のドイツの社会経済史学の大御所ヘニングは、戦争による人口の減退を農村で三五—四〇％、都市で二五—三〇％と見積もり、喪失人口はドイツ全体で五百万から六百万人であったとしている。そしてドイツの人口は一六一八年から一六四八年までに、約一千六百万から一千ないし一千百万に後退したと言うのである（ヘニング『中世・近代ドイツ社会経済史』一九九一年）。それに対してドイツ社会史派の重鎮ヴェーラーは逆に、一六〇〇年に一千五百万前後だった人口が、一六五〇年には一千五百万と一千六百万の間にあったと推定している（ヴェーラー『ドイツ社会史』第一巻、一九八九年)。

このような見解の相違は歴史研究の方法の違いから来ているところが大きい。総じてドイツの伝統的な歴史学は、まず第一に文書史料・記述史料に依拠して仕事をする。つまり同時代人の書いたものを頼りにするわけで、これは直接の見聞に基づくものとはいえ、戦争の惨禍をとかく誇張して伝えている。これをそのまま受け取り、なお一地方についての記述から全ドイツの状況を推し量ったりすると、途方もない数字が出てきたりする。他方近年発展した「歴史人口学」は各地の教会に残る住民の出生や死亡の記録を利用し、その膨大なデータをコンピューターで処理して人口の動きを推計的に捉えているが、この手法による研究は今までのところ、人口の極端な落ち込みを否定する傾向にある。ただし、人口が増えてさえいるといった議論には疑問の声も強く、三〇―四〇%減少説も根強く残っている。しかし、ドイツの「後進性」をもっぱらこれに結びつけるような言説はもはやない。それが私の理解する学界の現状である。

十七世紀のドイツとヨーロッパ

この関係でドイツと西欧を比較する場合、私たちは少なくとも二つのことを意識していなければならない。一つは「十七世紀危機」説である。十七世紀のヨーロッパは全体として大きな危機の状態にあった。戦乱はイギリスにも(「ピューリタン革命」をめぐる内乱)、フランスにも(フロンドの乱)あった。気候も世紀を通じて悪く、疫病が蔓延し、人口は全ヨーロッパで伸び悩んでいる。この「十七世紀危機」についてもいろいろ議論があるが、ヨーロッパでドイツだけが疫病神にとりつかれたというのではなかった。それは確かである。

そしてたとえドイツの被害が最も大きかったとしても、回復は一般に思われているよりもずっと早かった。それも確かであるように思われる。三十年戦争後、ドイツの出生率は他国よりも目立って高く（一千人当たり当初五十、のち四十〜三十五人の割合）、死亡率も高かったにしても（一千人当たり三十）、自然の人口増が著しかったらしい。ほぼ三世代はかかったが、十八世紀の早い時期に戦前の人口水準（一千六百万）を回復したというのが大方の見方である。人口増のうち他国からの移住民は二十五万程度。フランスでナントの勅令が廃止された結果、迫害を逃れてドイツに移ったユグノーは一六八五年から一七一〇年の間に約三万人（うち一万六千がブランデンブルク＝プロイセンに）で、数そのものはそれほどではないが、高度の技術をもった職人が多かったこのユグノーがドイツの経済復興に果たした役割は、その数をはるかに越える意味をもっていた。

ドイツの負ったハンディキャップ

しかし反面ドイツの復興は、他国にはないハンディキャップを負っていた。経済的にはヨーロッパの経済活動の中心軸が、「地中海↓アルプス越え」のルートから大西洋沿岸に移ってしまったこと。かつてヨーロッパ経済の中枢地域に属していたドイツは、前章で述べたように、ウェストファリア条約で海への出口も外国に制せられ、「大西洋世界の後背地」(ホルボーン)になってしまったのである。かつてヨーロッパの富を集積した地中海は「貧窮しよどんだ入江」(ホブズボーム)になる。そして、以前はドイツの海であったバルト海でも、スウェーデン、そしてロシアといった新興の強国の前にドイツの影はうすくなり、ハンザ同盟も十七世紀末には姿を消してしまう。

他方政治的に見ると、西欧諸国が十七世紀後半以降、おおむね国内での戦火を免れて新たな発展に向かい得たのに対し、ドイツは国土の復興に専念する暇もなく外国からの侵攻に曝され続けたのであった。東からはオスマン帝国がハンガリーを制圧してさらにウィーンを脅かし(一六八三年の「ウィーンの攻囲」)、西からはフランスが侵攻してライン川沿岸で徹底的な破壊作戦を展開した(一六八八—九七年の「プファルツ継承戦争」とその間の「プファルツの焦土化」)。ドイツが大きな戦争から解放されたのは、東では一六九九年のカルロヴィッツ講和条約で「トルコの危険」が去り、西ではスペイン継承戦争を終わらせた一七一四年のラシュタットの講和条約以後のことなのだ。ドイツの国力の本格的回復は十八世紀に持ち越された。その回復・復興の課題を背負ったのが政治体制としての「絶対主義」と、その経済政策としての「重商主義」なのである。

2　ドイツの絶対主義

絶対主義と重商主義

「絶対主義」も「重商主義」も、一般にあまりいい響きをもって使われる言葉ではない。絶対主義は国王専制の悪しき政治体制であり、それゆえ市民革命によって打倒されなければならなかった。そういうニュアンスをもって語られることが多い。重商主義はその絶対主義の経済政策である。それは輸出振興と輸入制限による貿易差額の黒字化を国富増大のテコとするもので、奢侈品など特定の国内産業の活性化をもたらしはしたものの、一部特権商人と結びついた国家の経済統制はやがて国民経済の自由な発展にとっての桎梏となり、十八世紀後半ともなると重農主義や、さらにはアダム・スミスの自由主義経済学の批判を浴びる。そして学問的に否定されるとともに、「アンシアン・レジーム」の経済体制として、これも市民革命によって一掃されるべきものであった。それが一般的な評価であろう。

しかし、一般的には「十七世紀危機」と言われるような状況に立ち向かうために、とりわけドイツの場合、三十年戦争の打撃から立ち直って国力を回復するために、国家による強力な指導と統制こそが必要だったのではないだろうか。外国からの移住民の招致はもとより、荒廃した土地の新たな開発と国内植民、農業育成のための河川の改修や灌漑、国際的通商路との結びつきを計っての運河の開鑿(これは成果はともかく、この時代盛んに行なわれた)、ギルド特権の制限とマニュファクチュアへの助成、通貨規制などなど、どれをとっても国家の指導と規制、そして資金投入なしには行なわれ得ないものであって、当然のことながらそれが求められた。そういう時代だったのである。問題はドイツの場合、その役割を担ったのが一つの国家ではなく、多数の領邦国家だったということである。

一六四八年以後の神聖ローマ帝国

ウェストファリア条約でドイツの領邦諸国家に実質的な国家主権が認められて以来、それら諸領邦が全体として形づくる「ドイツ国民の神聖ローマ帝国」はどうなったのであろうか。これについては学界でも見方がいろいろあるが、研究の流れとしては、帝国を頭から有名無実の存在として片づけるのではなく、特に中小の領邦にとってそれが存在の支えになっていたことを認める方向にあると言ってよい。例えば帝国最高法院や帝国宮内法院など、その裁判の遅滞ぶりから帝国の国家的機能不全状態の例証ともされながら、それでも中小の領邦からは国家的な係争の解決の場として実際に頼りにされていた。そもそも十七、八世紀の、あの「弱肉強食」の時代に、自分の身を自分一人では到底守れなかったような弱小国が、ともかくも独立領邦として存続し得たというのは、帝国の構成国としてそれらの存在を国際的に認知したウェストファリア条約と神聖ローマ帝国の法的保障があってこそのことなのである。だから神聖ローマ帝国というのは一定の地域内で多数の国が共食いもせずに共存した一種の域内平和機構として機能したという評価もあり、さらにはヨーロッパ共同体の先駆的モデルとする見方すらある。十八世紀はじめに『永遠平和論』を著してヨーロッパ統合を夢見たフランスのサン・ピエール師なども、ドイツの状態をヨーロッパの平和統合のモデルになると考えていた。

しかしこの神聖ローマ帝国は、戦争被害からの復興を主導できるような「国家」ではない。もちろん、何もしなかったと言っては言い過ぎになるし、帝国議会も通貨の統一や広域的な市場の整備のための議論をしてもいる。しかし、この関係でのほとんど唯一の成果である一七三一年の帝国ツンフト令(「身分外」の存在と目され、ツンフトの成員となる「名誉」をもたないとされていた職業の家の子にも手工業者への道を開くなど、閉鎖的ツンフト秩序に風穴を開けた)が、その成立にほぼ半世紀を要したという事実そのものが、現実的課題への帝国の適応不能性を証明している。復興政策としての重商主義の主たる担い手は帝国ではなく、帝国の構成員としての個々の領邦諸国家である。政治的に言えば、ドイツの絶対主義は帝国レヴェルではなく、個々の領邦レヴェルにおいて、「領邦絶対主義」として展開する。

領邦絶対主義

どこの国でも国王権力が「絶対的」に確立されるために、最初に克服されなければならなかったのは、等族＝身分制議会に拠って自分たちの身分的・地方的特権を守ろうとした地方貴族など等族＝身分勢力である。それはドイツでもフランスでも同じなのだが、ドイツの特殊性は、等族＝身分制が、帝国レヴェルと領邦レヴェルの二重構造になっていることである。帝国のレヴェルでは帝国等族として帝国議会に拠って皇帝に対峙した諸侯が、領邦君主としては自分の家臣である領内の貴族や領邦都市など、領邦議会に拠る領邦等族と向かい合うことになる。帝国等族として皇帝の行動を束縛した諸侯が、自分の領内では領邦等族に動きを縛られることになる。皇帝は帝国等族をコントロールできず、従って帝国は絶対主義国家にはなれなかった。それに対して諸侯は領内等族を圧伏して自分の権力を絶対化する。これが領邦絶対主義である。

オーストリアの絶対主義

そこでまず皇帝の国オーストリアだが、一言で「オーストリア」と言っても、その実態は上・下オーストリア、シュタイアーマルク、ティロルなど諸領邦、そしてボヘミア、ハンガリー諸王国の集合体で、それぞれの領邦・王国が独自の領邦議会をもっているから、その統治は容易ではない。なおハンガリーは神聖ローマ帝国の域外とされ、しかもその東三分の二はオスマン帝国の占領下にあった。カール五世のハプスブルク家領分割によってスペインと切り離され、その上トルコとフランスの東西からの攻勢にさらされ続けたオーストリアにとって、絶対主義への道は決して平坦ではなかった。

王権確立の第一歩は三十年戦争で、その冒頭の一六二〇年、プラハ近郊ビーラー・ホラ（白い山)の戦いでボヘミアのプロテスタント貴族勢力を打ち破ったことが、ハプスブルク家に絶対主義への道を拓いたのだった。反抗勢力を根こそぎにし、ボヘミアとモラヴィアで等族議会に対する王権の優位を確立したハプスブルク家は、以後ほかの領邦でも絶対主義への道を歩みはじめる。しかもこれは、プロテスタントに浸食された領内の再カトリック化と一体になった動きで、ウェストファリア条約の約定すら無視して暴力的に行われたこの再カトリック化のため、多数のプロテスタントが国を捨てることになった。

再び大国となるオーストリア

しかし、オーストリアが再びヨーロッパの大国としての地位を回復したのは、十七世紀末、トルコに対する勝利によってであった。一六八三年、ウィーンはオスマンの大軍に攻囲される。このトルコ軍を、ヨーロッパやドイツ諸国の援助も得て押し返したのが転機になる。オーストリア軍は逆にオスマン軍を追ってハンガリーと、東方トランシルヴァニア(ジーベンビュルゲン)までを制圧した。そして一六九九年のカルロヴィッツ条約で全ハンガリーとトランシルヴァニア・クロアティアを支配下に収めることになる。オーストリアは一挙に東方の大国としての地位を固め、「トルコの脅威」が去った首都ウィーンは、シェーンブルン宮殿や、対トルコ戦争の英雄サヴォイア公オイゲンのベルヴェデーレ宮殿など、華やかなバロック宮殿の建築ブームとなる。

しかし、スペインのハプスブルク家が一七〇〇年に断絶して、ここからスペイン継承戦争が起こったように、オーストリアのハプスブルク家も世継ぎの問題を抱えていた。皇帝カール六世に男子がいなかったためで、皇帝は万一にそなえて女系相続もあることを定めた「プラグマティッシェ・ザンクツィオン(国事詔書)」を内外に宣布していたが(一七一三年)、諸外国は必ずしもこれを無条件で認めたのではなかった。そして皇帝カールが一七四〇年に没し、娘のマリア・テレジアが女相続人として国を継いだとき、同じ年に即位したプロイセンのフリードリヒ二世が、突如横やりを入れてきたのである。

プロイセンの台頭

一口に「プロイセン」と言うが、この国も諸領邦の連合体である。中心はエルベ川とオーダー川の間に発展したブランデンブルク辺境伯国=選帝侯国(首都ベルリン)、これと、はるか北東のバルト海沿いのプロイセン公国(一七〇一年以降王国。首都ケーニヒスベルク)が結びついたもので、「ブランデンブルク=プロイセン」と言う方が国の実態に則している。なおこの「プロイセン」という国は、東方植民時代につくられたドイツ騎士団国が宗教改革を行なって世俗のプロイセン公国になったもので、その際、最後の騎士団長で最初のプロイセン公になった人が、十五世紀以来ブランデンブルク選帝侯であったホーエンツォレルン家の親族であったところから、十七世紀はじめにプロイセンの方の家が断絶したとき、ブランデンブルク選帝侯がプロイセン公を兼ねるという形で結びついたという、かなり複雑ないきさつで一緒になった国である。

なおホーエンツォレルン家は西方ライン川流域にも所領をもっていたが、この西の所領とブランデンブルクとプロイセンの三つが地理的にも離れている(西の所領との間にハノーファーなどがはさまり、プロイセンとの間にポーランドがはさまる)。だから東西で戦争に巻き込まれる危険にさらされるとともに、この国が地理的に「一つの国」になるには、どうしても間にはさまる国を併合しなければならない。そんな地政的宿命を負った国であった。スペイン継承戦争に際しオーストリア側に立ったことから、神聖ローマ帝国の域外にあった東方のプロイセンに関して特別に王号を許され、後には国全体が「プロイセン王国」と呼ばれるようにもなるが(国全体の呼称と区別するため、以後旧プロイセンは「東プロイセン」と呼ぶことにする)、国が基本的にバラバラであることには変わりはない。だからこそまた絶対主義確立に他国にも増して格別の努力が必要だったのである。

プロイセンの軍国的絶対主義

国家体制の絶対主義化の努力を、プロイセンは軍隊の建設を通じて行なった。国王権力を支える強力な常備軍を築き上げること、そしてその財政的裏付けとして恒常的な租税収入を確保すること、そのための税務行政機構を確立すること、これらの改革を等族勢力に認めさせること、これが当面の課題であり、これに最初に取り組んだのが「大選帝侯」フリードリヒ・ヴィルヘルム(在位一六四〇―八八)である。彼は一六七五年、スウェーデンがブランデンブルクに進入した際、フェールベリンの戦いでこれを破ってブランデンブルクを解放し、以後「大選帝侯」と呼ばれるようになったが、この呼称は彼の内政にも当てはまる。プロイセンの絶対主義は、一六五三年彼がブランデンブルクの領邦等族と、軍事税導入を認めさせる協約を結んだ時から始まると言ってよいからである。ただしその見返りに選帝侯は等族に、さまざまな地方的特権、とりわけその所領の農民に対するほとんど無制約的支配権を認めなければならなかった。等族貴族たちはこの農民支配権を十分に利用して、「グーツヘルシャフト」と呼ばれる独特の農場領主制を発展させたのである。

グルントヘルシャフトとグーツヘルシャフト

領主制というのは農民に対する領主のさまざまな支配=保護権の総称だが、その中核にあるのは「土地を通じての支配」(グルントヘルシャフト)で、これは要するに、誰であれ領主の土地を耕すものは、その領主に対し各種貢租を納め、然るべき賦役労働を行わなければならない、というものである。ただエルベ川以西の古いドイツ地域においては、領主は農地の大部分を農民の自家耕作にゆだね(農地の九割方は農民保有地になっている)、自分で直営農場を経営するようなことは少なくなっていた。従って賦役もそれほどのものではなかったし、領主制というのも貢租の収取を軸にした、比較的ゆるい支配関係になっていたのである。

それに対しブランデンブルクなどエルベ以東で発達したグーツヘルシャフトにおいては、領主の直営農場が支配の基軸になっている。領主は強大な領主特権で直営農場を拡大し、農民の移動の自由を奪うなどしてこれを人格的に支配し、この隷民の賦役労働によって自分の農場を経営する、そして作物を西欧諸国に輸出するという、営利的農場経営と封建的農民支配が結びついたような独特の農場領主制である。

貴族領主と軍国体制

ところで、こういう農場を基盤とする地方貴族勢力（のちに「ユンカー」と呼ばれることになる）は、国王に対してもある程度自立しており、国王の命令にも容易に従わない傾向をもつものである。こういう貴族を力ずくでねじ伏せ、貴族への課税も強行する一方、貴族を軍人や官僚として取立て、彼らを国家に役立つ存在に鋳造し直したのが、「軍人王」フリードリヒ・ヴィルヘルム一世（在位一七一三―四〇）である。

彼は貴族の子弟をほとんど強制的に軍隊の将校として任用し、その代わり将校には国家第一の身分を与え、自ら軍服に身を包んで将校団と一体化する、そういったやり方で貴族を国家に結びつけ、この貴族将校団と、一種の徴兵制による農民兵士でもって国の大きさからすれば不釣り合いに強大な軍隊を築き上げた（ヨーロッパの国で人口は十三番目、国土は十番目、軍隊の大きさは四番目）。そして同時にこの軍事国家を支える官僚制を、ここでも貴族をよく使いこなしながら整備したのだった。長身の兵士を集めた「巨人近衛連隊」など妙な趣味がしばしば冷笑の的になるが、プロイセンの絶対主義国家としての建設において最も大きな役割を果たしたのは、節倹に努め、巨額の軍用金を積み上げることにも成功したこの「軍人王」である。

そしてこの国王が残した軍隊と軍用金をフルに使って、プロイセンをヨーロッパ列強の一翼に列せしめたのが、軍人王の長子、フリードリヒ二世(在位一七四〇―八六)である。それはまず、オーストリアに対する挑戦という形で行われる。

オーストリア継承戦争と七年戦争

オーストリア継承戦争は、プロイセンのフリードリヒが、マリア・テレジアのオーストリア諸領邦相続と、彼女の夫ロートリンゲン公フランツ・シュテファンの帝位継承を承認する見返りに、オーストリアとプロイセンの間をつなぐように延びるシュレージエン(オーストリアにとってもっとも資源に富む土地の一つ)を要求し、この「ゆすり」をマリア・テレジアが拒否したことから起こった。当時の戦争の常として、この戦争もたちまち国際化し、例によって反ハプスブルクでプロイセンを応援したフランスと、それに対抗するイギリスが、ドイツとは無関係に海外植民地をめぐって戦うことにもなるのだが、ドイツの問題に限って言えば、一旦はバイエルン選帝侯を皇帝(カール七世。在位一七四二―四五)に仕立て上げて帝位をハプスブルク家から奪ったフリードリヒが、新帝の三年後の急死ののち、占拠したシュレージエンの領有を条件に、帝位がハプスブルク家に戻ることを認めて一旦は落着する。

しかしマリア・テレジアの方はこれで納まらない。皇帝になったのは夫のロートリンゲン公で(フランツ一世。在位一七四五―六五。ハプスブルク家は以後ハプスブルク＝ロートリンゲン家とな

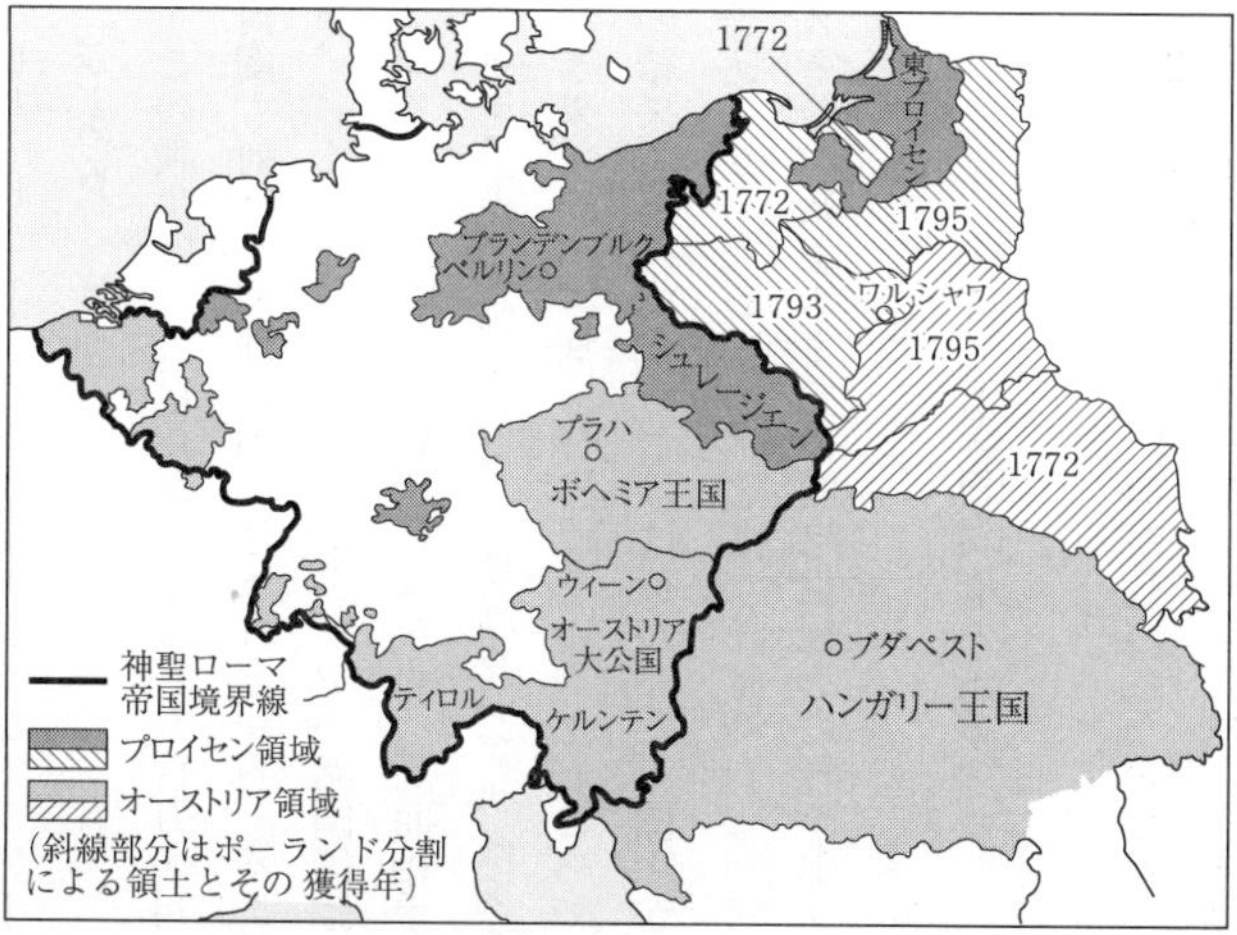

地図 4　18 世紀末のオーストリアとプロイセン

る)、帝国との関係では彼女は「帝妃」に過ぎないのだが、ハプスブルク家の当主でオーストリアの支配者はハンガリーとボヘミア女王にしてオーストリア大公女たる彼女なのだ(夫は「共同統治者」)。フリードリヒへの復讐とシュレージエン奪回に執念を燃やす彼女は、宰相カウニッツ伯にも助けられて、敵のプロイセンに学んで国内体制を整えつつ、外交的にプロイセン包囲網を編み出してゆく。ヨーロッパの伝統的同盟関係を逆転させて宿敵フランスと手を結んだのを手始めに(「外交革命」)、フリードリヒ嫌いのロシアのエリザベータ女帝、さらにはスウェーデンとも同盟し、ドイツの諸侯の大半をも味方につけてプロイセンを完全に包囲してしまう。そして身の危険を察知したフリードリヒが窮鼠猫を噛むで、先手を打って戦端を開いたのが七年戦争(一七五六―六三)である。

この戦争は、人口比からすると五百万人対九千万人の戦いと言われた。圧倒的な敵軍の前に何度も何度も窮地に追い込まれながら、その都度態勢を建て直して戦ったフリードリヒの奮戦が、ドイツのみならず、ヨーロッパ諸国に強い印象を与えた戦争だったが、長期戦となってはプロイセンに勝利の見込みはなく、反面相手側も財政的に行き詰まってしまい(オーストリアは戦争中に軍隊を削減した)、結局ロシアの政変を機に和平に向かうことになる。両陣営とも精根尽き果てての「痛み分け」といったところである。多大の犠牲を払い、オーストリア継承戦争の結果を再確認するだけに終わった。国土がまたもや荒廃したというのが、より大きな結果と言えるかもしれない。ここでドイツはようやくのことで大きな戦争のない時代に入る。フランス革命が始まるまでの四半世紀、これがドイツにとっての最初の大きな改革の時代となる。

3　絶対主義的改革の時代

絶対主義的改革の時代

具体的に何が行われたのだろうか。プロイセンについて見れば、第一に国土開発と入植政策、マニュファクチュアの育成と貿易の振興である。こういった重商主義政策は「大選帝侯」時代に始まり(ユグノーの招致)、フリードリヒ・ヴィルヘルム一世がより積極的に行なっているが(ザルツブルクを追われたプロテスタント農民の入植や、軍服製造の国営マニュファクチュアの育成)、フリードリヒ二世もそれを引き継いだ。オーストリア継承戦争後、早速にオーダー川流域の灌漑と開発に努め、「平和裡に新しい領邦を一つ獲得した」と誇ったことは有名である。オーダー川とエルベ川を結ぶ運河の開鑿もこの時代に行われた。開発と入植、また運河の開鑿は七年戦争後も大々的に続行され、この関係で巨額の開発資金が国庫から支出されている。外国からの入植者も多く、彼の治世の終わりには、プロイセンの人口の五分の一は外からの入植者とその子孫であったと言われている。通商関係も、総監理府という中央行政官庁に、商工業や鉱山関係や森林関係の新部局を新設して振興に努めた。後年のプロイセン改革の指導者フライヘル・フォム・シュタインは、この鉱山部局でキャリアを積んだ内務官僚である。

十八世紀後半は「啓蒙の時代」である。この時代の改革は、当然のことながらこの時代思潮の影響も受けている。プロイセンの場合、それはカントが称賛した「言論の自由」、また司法手続きの合理化や拷問の廃止、また『プロイセン一般国法典』(一七九四年)に結実する統一法典の編纂にもっともよく表れている。

しかし啓蒙の影響ということでは、オーストリアのヨーゼフ二世(皇帝在位一七六五—九〇)

の改革の方が顕著である。オーストリアの改革は、すでにマリア・テレジアの時代に始まり、国内行政機構の統一的整備や統一的関税制度の導入、ハンガリーへの計画的植民のほか、カトリック教会に対する国家の監督権の強化が注目されるが、改革のテンポは一七八〇年からのヨーゼフの親政期（それまでは国内政治では母親の「共同統治者」に過ぎなかった）に一気に高揚する。一七九〇年の死までの十年間に約六千の改革法令を出したという急テンポぶりであった（朝令暮改も多いけれども）。「寛容令」によりプロテスタントやギリシア正教の信徒にも公民権上の同権が認められ、ユダヤ人に対する生活上の規制も大幅に緩められた。教会への介入はさらに進み、教育・社会活動に携わっていないすべての修道院が廃止され、その土地・財産は没収され、司祭の養成や生活維持も国家の規制のもとに行われるようになる。刑法の改正で死刑は廃止され、刑法・民法上、法の前の身分差も大幅に解消された。農民は人格の自由を認められ、職業選択も自由になり、王領地では賦役の金納化など農民の状態の現実的な改善も計られている。現実を無視してやり過ぎたこと、またヨーゼフ自身が晩年には保守化したこともあり、改革のかなりの部分が撤回されることにもなったのだが、それでも寛容令や農民の人格的解放、修道院の廃止などは永続的成果として残ったのだった。

啓蒙絶対主義とは何か

フリードリヒ二世やヨーゼフ二世の政治は、一般に「啓蒙絶対主義」と呼ばれている。そこに時代の啓蒙思想の影響が見られることは事実である。しかし一歩進んで、その政治や改革の業績全体を啓蒙思想から説明しようとしたり、あるいは啓蒙思想に改革の原動力を見ようとしたりすれば、たちまち説明不能の困難にぶち当たることになる。そこには、啓蒙思想やその経済思想である重農主義とは相いれない、「古い」権力政治や「古い」重商主義的な要素も沢山あるからである。「啓蒙」の解釈次第では、そもそも「啓蒙」と「絶対主義」は両立せず、「啓蒙絶対主義」は概念矛盾だということにもなりかねない。

ここで「啓蒙絶対主義」をめぐる学界の議論をくわしく紹介するわけにはいかない。しかし、結論的に言えば、この概念は「啓蒙」よりも「絶対主義」の方に力点を置いて理解すべきものである。啓蒙思想によって彩色された絶対主義、その程度に理解するのがいいのではないか。それが私の考えである。

なお、一般に啓蒙的改革と思われていることでも、見方によっては、実は絶対主義の本質に根ざすようなものもある。国土開発や植民政策がそうであることについては説明の要もないだろう。宗教的「寛容」などもそうではないか。宗教的信念の対立は「万人の万人に対する戦い」に帰着する。その事態を回避し、国内に平和をもたらすため、人びとはすべての権力を国王に委託し、その統治に従う。反面、人びとが統治に従う限りにおいて国王は、信仰を個人の良心の問題として、この内面的領域まではその支配を及ぼさない。それが絶対主義の必然性を理論化したホッブズの論理であり、実際、ヨーロッパの絶対主義各国は、国の宗教と異なる宗派の存在を認めることで、国内に平和をもたらしたのだった。それが絶対主義国家の利益にもなるのであって、だからルイ十四世がナントの勅令を廃止してユグノーの居場所を奪ったのは、そもそも絶対主義の論理に反している。そして暴力的再カトリック化を強行したオーストリアは、あとで改めて寛容令を出さなければならなかった。そういうことではないだろうか。遅れた分「啓蒙色」の強い寛容令にはなったのだが。

これはしかし、寛容令に限らず、絶対主義的改革全体についても言えることである。ドイツは外国に侵攻され、また自ら戦乱を招いて、絶対主義が本来行なうべき改革が先延ばしになり、十八世紀、さらにこの世紀後半にもずれこんでしまった。そこからして、本来もっと早く行われるべきであった改革が、ここでは啓蒙主義的に彩色されて集中的に行われた。少し乱暴かもしれないが、そう考えたらどうだろうかと私はいま考えている。

改革の伝統

しかし、遅れた改革であれ、この時代にいろいろな改革が集中的に行われたことは、ドイツ史のこの時代に、他国にはない独特の色調を与えることになる。一七七五年にはすでにアメリカの独立戦争が始まっている。フランスは絶望的な財政難に苦しみ、改革を試みては貴族の抵抗の前に挫折を繰り返して、政治はやがて泥沼にはまってゆく。そういう時代にドイツ諸国はほぼ一斉に改革に取り組む一時期をもったのである。特に注目すべきはこの改革の潮流が、多くの中小国をも包み込んでいたことである。フライベルクの鉱山学校をはじめ各種実業教育が他国の模範となったザクセン、重農主義的農業政策を国策として農業の振興を計ったバーデン、国主カール・アウグストが文人大臣ゲーテと一緒に改革に努めたザクセン＝ワイマルなど、中小国の改革もまた多彩であった。それらがみな成功したわけではなく、オーストリアのように保守的揺り戻しもあったとしても、フランス革命に先立って改革の一時期をもったことは、ドイツ人の中にいわば「集団的記憶」として残る。オーストリアでは「ヨーゼフ主義」と呼ばれているが、ドイツにおける改革の伝統はこの時代に始まると言ってよい。

なおこの改革の担い手として、国王の封建的家臣とは異なる自意識をもった新時代の国家官僚が出てきたことも、この時代の改革の永続的成果の一つである。プロイセンでは一七七〇年代以降、司法試験や行政官試験が導入され、他の国もそれに倣うようになっていた。そして大学出という学歴と試験を通じて、生まれやコネによらない「能力の貴族」たる国家官僚が作り出され始めた。この点ドイツは、間違いなくヨーロッパ最先端の国であった。

大学の世界にも新しい動きがあった。絶対主義の時代は、一般的には大学の凋落期である。ヨーロッパの多くの国で、学問研究の場は大学からアカデミー(学士院)に移っている。しかしこういう風潮の中で、プロイセンの大学としてつくられたハレ大学(一六九四設立)は、他に先駆け、ラテン語ではなくドイツ語で授業を行なうなど学問の実用化に努め(官僚の国家経営学である「官房学」講座も最初にここに設置された)、またハノーファーの大学であるゲッティンゲン大学(一七三七設立)は、新旧両宗派の学生を受け入れて大学に自由の空気を吹き込んだ(自由に閲覧可能な大学図書館や「ゼミナール」の制度もこの大学から始まっている)。十九世紀におけるドイツの大学のめざましい発展は、こういう動きの結実なのである。

この大学で教育されたエリート官僚が、次の時代を担うことになる。

第 6 講

ドイツ統一への道

ウィーン会議に集まった諸国の代表たち

関係年表

1789	フランス革命勃発
1792	フランスとの戦争始まる
1806	西南ドイツ諸邦「ライン連盟」結成／神聖ローマ帝国終焉／プロイセン，ナポレオンと戦って大敗
1807	ティルジット条約／「プロイセン改革」始まる
1809	オーストリア，ナポレオンと戦って敗れる．メッテルニヒ外相就任
1813	対ナポレオン解放戦争(～14)
1814	ウィーン会議(～15)
1815	ドイツ連邦発足
1817	ブルシェンシャフトのヴァルトブルク祝祭
1819	カールスバートの決議
1834	ドイツ関税同盟発足
1848	三月革命．ドイツ国民議会によるドイツ統一の試み(～49)
1859	イタリア統一戦争．オーストリア，ロンバルディアを失う
1862	ビスマルク，プロイセン首相就任，議会と激しく対立
1864	プロイセン・オーストリア，対デンマーク戦勝利
1866	普墺戦争．ビスマルク，議会と和解
1867	北ドイツ連邦発足
1870	普仏戦争(～71)
1871	ドイツ帝国発足

1　「はじめにナポレオンありき」

新しい時代へ

一七八九年にフランス革命が起こったとき、ドイツの世論はどちらかというとこれに「好意的」であった。政治に関心をもつインテリたちは、フランスの腐敗堕落した王室や改革能力をもたない政府が民衆によって糾弾されることに共感したし、諸国政府の立場からしても、ヨーロッパの支配国として威を振るっていたフランスの国家権力がぐらつくことは悪いことではなかったのだ。ただし、その時人びとが期待した未来は、フランス革命の初期の指導者たちが望んだのと同じで、王権の立憲的制限と国民のある程度の政治参加といったところである。この革命が民衆の暴力的支配や、王権の転覆に至るなどということは、全く想像の外のことであった。だからその後の革命の急進化にともない、ドイツの世論は急転回する。たちまち保守化するのである。そしてオーストリア皇女マリ・アントワネットがフランス王妃として革命の囚われ人となるや、オーストリア・プロイセンは共同して革命に対する干渉の構えを見せ、それがフランスの革命派と民衆を刺激し、といった敵対関係の悪循環が始まり、とどのつまりは戦争となってしまう。

ナポレオン支配下のドイツ

一七九二年に始まる戦争は、フランス側から見れば、外国の干渉に対して新生の国民国家を防衛するための戦争だったのだが、戦争が続く中、革命の急進化で混乱したフランスでは将軍ナポレオンが権力を握り、その勝利の行進の中で、戦争もフランスの防衛戦争からナポレオンのヨーロッパ支配のための戦争へと性格を変えてゆく。変わらなかったのはドイツ諸国の軍隊が、どう戦ってもフランス軍の前に敗れ続けたことである。ただ、この事態に対する対応は国によって随分と違っていた。

もっとも実利的に動いたのはプロイセンである。この国は早々と戦争に見切りをつけ、一七九五年四月にはバーゼルの単独講和を結んで戦線を離脱、その後は中立を決め込み、反面東に向かっては、ポーランド分割(第二次/第三次、一七九三/一七九五)によって領土を大々的に拡張した。間にポーランドが挟まっていた東プロイセンとブランデンブルクは、すでに第一次の分割(一七七二)で地理的につながっていたが、新たな分割でワルシャワもプロイセン領になったのである(前講一〇九頁の**地図4**参照)。

立場上もっとも面子にこだわったのがオーストリアである。イギリスと組んで戦うが敗れ続け、一八〇五年十二月にはアウステルリッツの「三帝会戦」で敗れ去って、同月プレスブルクの講和でナポレオンに膝を屈することになる。

この間ドイツの中小国は、頼るべき後ろ楯を失い、結局フランスの皇帝となったナポレオンを保護者として一八〇六年七月「ライン連盟」を結成した。ナポレオンのドイツ支配の機構となる連盟である。すでに一八〇一年以来ライン川左岸はフランス領とされており、右岸では小国を取り潰しての領域再編成が始まっていた。この再編成の過程で、大小約三百もあった領邦諸国家が約四十にまで整理されるのだが、「ライン連盟」の国々はナポレオンの覚えめでたく、領土を増やして生き残った国々と言ってよい。この諸国は連盟結成とともに神聖ローマ帝国からの脱退を宣言する。一八〇六年八月、ウィーンの皇帝は神聖ローマ皇帝の帝冠を捨て、以後「オーストリア皇帝」としてのみ帝位を守ることになる。神聖ローマ帝国の終焉である。

そしてその後間もなくの同年十月、それまで中立を守ってきたプロイセンが突如、無謀にもナポレオンに挑戦してたちまち敗れ、同盟したロシアにも見捨てられて、翌一八〇七年にはティルジットの講和で国土、人口の半分を失うという屈辱の淵に沈む。そして、この時は傍観したオーストリアが、三年後の一八〇九年にはこれまた単独でナポレオンに挑戦して失敗、ドイツの指導国の地位を失ってしまう。皇女マリ・ルイーズをナポレオンに嫁がせたのは、敗戦国オーストリアの生き残り策でもあった(これを取り持ったのが、この敗戦後オーストリア外相となったメッテルニヒである)。こうしてドイツ全体がナポレオンに屈伏することになった。

新しい国づくりのための改革

惜しまれて早く逝った現代ドイツの歴史家ニッパーダイは、大著『ドイツ史、一八〇〇―一八六六年』(一九八三)の冒頭に、「はじめにナポレオンありき」

の一行を置いた。このナポレオンの支配の下で、新しいドイツの国づくりが始まった、の意である。ただし、その国づくりとは、当面プロイセン、バイエルンといった領邦国家レヴェルの国づくりであって、ドイツという一つの国の国づくりではない。神聖ローマ帝国が消滅して、そもそもドイツという国は形も何もなくなってしまったのである。

この諸改革の中では、シュタインとハルデンベルクが指導したプロイセンの改革が一般によく知られている。市民に市政参加を認めた「都市条令」や、農民を領主への隷属関係から解放した「農民解放」、また「研究と教育の自由」という新しい大学理念によるベルリン大学の創設などは、日本の世界史の教科書にも取り上げられている。

しかし、改革はプロイセンに限らず、ライン連盟諸国、特にその中心になったバイエルン、バーデン、ヴュルテンベルク等西南ドイツ諸国でも行われた。プロイセンの場合、ナポレオンに敗れ、存亡の危機に立った国家の再建が改革の起動力となったが、西南ドイツ諸国の場合には、新たに獲得した雑多な領土を統一的な国家にまとめ上げる行政上の必要が、否応なく改革を迫ったのである。いずれにしても「国家の必要」が改革の原動力になったのであって、その改革の立案・実施に当たったのが、啓蒙絶対主義の時代以来の国家官僚である。改革は「上から」強行され、必ずしも改革を望まない国民に押しつけられた。それが実情で、政治への国民の参加、つまり国の立憲化は将来の課題となった。

しかし「国づくり」の観点からすれば、諸国の改革は相当程度に成功した。そう言ってよいであろう。そのことは、当時のバイエルンやバーデン、ヴュルテンベルクが、そのまま今のドイツのバイエルン州やバーデン゠ヴュルテンベルク州になっていることにも示されている。バイエルンは、中世以来の古い歴史を誇る連邦州だが、現在のバイエルンの基をつくったのは、十九世紀初頭ナポレオン時代のこの改革なのだ。

プロイセンは改革を通じて国の再建に成功した。その成功と改革能力がこの国に、ドイツの指導国としての道を開くことになる。他方、見るべき改革の実績を残さなかったオーストリアは、政治的公論において「古い国」と見なされるようになってゆく。

解放戦争

一八一二年冬、大陸制覇を目指したナポレオンのロシア遠征が失敗に終わったとき、ナポレオン支配からの解放のチャンスが生まれた。乾坤一擲このチャンスに懸けたのが、ナポレオンによって国を追われていたシュタインや、彼に連なるプロイセンの「愛国者」たちである。彼らは国王を動かしてロシアとの同盟を成立させ、一三年春、両国はフランスに宣戦する。

しかしプロイセン・ロシアの両国は、態勢を立て直したナポレオンを一気に破ることはできなかった。一旦休戦を結んだ両陣営は互いに競ってオーストリアを味方にしようとする。オーストリア外相メッテルニヒは、勢力均衡の見地からナポレオンの完全な没落を望まず、ナポレオンに自制を求めて彼を救おうとするが、ナポレオンは、自分の権力はただ勝利によってのみ保たれるとしてメッテルニヒの説得に応じず、ついにオーストリアは反ナポレオン同盟に加盟することになる。これによって形勢は定まった。その結果が一三年十月のライプツィヒの「諸国民戦争」である。

この戦争に先立って、それまでナポレオンにつき従ってきたライン連盟諸国は、ナポレオンの形勢不利を見て続々同盟側に乗り移ってきた。これら従来のナポレオン従属国の国家主権と領土を保障することで、これら諸国を味方にしたのがメッテルニヒである。戦争はプロイセンが主導したが、外交の主導権はオーストリアが握った。それが戦後のウィーン会議へとつながってゆく。

2　ウィーン体制

正統主義と勢力均衡

ウィーン会議(一八一四—一五)を指導したメッテルニヒは、「正統主義」と「勢力均衡」を指導理念とした、と一般に言われている。しかしこれを鵜呑みにしては彼の政治手法を見誤ることになるだろう。

正統主義とは、革命前の支配者が正統な支配者であるとして、革命前の支配関係を復活させようとする復古的理念である。そしてウィーン会議では実際に、フランスだけでなく、スペインやナポリでもブルボン家の王朝が復活したのだった。しかしメッテルニヒはこの理念を教条的に信奉していたのではない。そもそも彼はナポレオンの没落を望まなかったのだし、革命前の神聖ローマ帝国の復活など一顧だにしていないのである。

メッテルニヒにとって、正統主義はヨーロッパに勢力均衡を回復させ、この回復された秩序を正当化するための方便であったように思われる。ヨーロッパ諸大国間に勢力のバランスを保つことで現行秩序を守り、ひいてはヨーロッパに平和を維持するというのが彼の政治のエッセンスで、ウィーン会議後彼の指導下でヨーロッパがともかくも半世紀近く戦争なしに過ごすことができたのは、それなりに評価されなければならない。

なお勢力均衡というのは、決して固定的なシステムではない。ある国が力を伸ばして均衡が崩れると、他の国が結束してそれを抑え、どこか一国だけがヘゲモニーを握ることがないように力の均衡を保つという流動的な政治術である。だからこの均衡は常に調整し直されるべきものので、その調整の場がウィーン会議をはじめ、その後何度も開かれた国際会議であった。メッテルニヒの外交は会議による外交である。

ドイツ連邦

ウィーン会議でつくられたドイツ連邦は、神聖ローマ帝国に代わるドイツ諸国家(「主権的諸侯と自由都市」)約四十の連邦組織だが、これ自体、ヨーロッパの勢力均衡の縮図とも言えるものであった。そもそもハノーファーの君主はイギリス国王、ホルシュタインの君主はデンマーク国王、ルクセンブルクの君主はオランダ国王であって、ドイツ連邦といっても国際的な君主同盟に近いのである。

連邦はその機関としてフランクフルトに連邦議会(かつての帝国議会の後身とも言える各国の公使会議)をもち、オーストリアが恒常的議長国となる。ここにはオーストリアの指導性が表現されている。しかし、この国がヘゲモニーを握ったわけではない。連邦構成国(以後「連邦国」と呼ぶ)は国の大きさに応じて票を分け合うが、全六九票の内オーストリア・プロイセンが各四票、バイエルンやバーデンも同じ四票であって、一国が突出しようのない配分になっていた。ただ実際の話として、普墺両大国が一致すれば他邦も従わざるを得ない、といったような組織である。一致しなければ、もちろん動きがとれない体のものである。

だからこれは到底ドイツの統一国家とは言えないものであった。ヨーロッパの勢力均衡のためには、ドイツは強力な統一国家などにならない方がよい。それがむしろメッテルニヒの考えだったのである。民族統一など彼にとってはもとより論外であった。そもそも彼の率いるオーストリア帝国が、チェコ・ハンガリーから北イタリアにも延びる多民族国家であって、この帝国自体、民族統一や民族自決などという原理とは全く相容れない性質の国なのである。そんな原理がまかり通ったら、オーストリア帝国は解体する他はないからである(第一次世界大戦の後実際にそうなったように)。

しかし、フランスをはじめ近隣諸国が近代的国民国家としての歩みを始めているのに、ドイツがこのままでいていいものかどうか。国民の中から、この体制に対する疑問が生じてくるのもまた自然のことと言わなければならない。そして国民

自由と統一をめぐって

統一国家を求める動き(ドイツ統一運動)が、改革時代に「後回し」にされた国民の権利の確立、また国民の政治参加を求める動き(憲法と議会を求める自由主義・立憲主義運動)と結びついたのもまた自然の趨勢であった。自由と統一を求めるこの運動を先導したのが「ブルシェンシャフト」という新しい学生組織に結集した学生たちであったこと、彼らが一八一七年十月にルターゆかりのヴァルトブルクの山城で宗教改革と解放戦争を記念して気勢をあげたこと、メッテルニヒがこの学生運動の弾圧に向かったこと(一八一九年の「カールスバートの決議」)は、よく知られているところである。

それほど知られていないが、実質的により重要だったとも言えるのは、この間、西南ドイツの旧ライン連盟諸国が、それぞれの「国づくり」の仕上げとして憲法を発布し、議会を開設したことである(バイエルンとバーデン、一八一八年。ヴュルテンベルク、一八一九年)。メッテルニヒはこの動きを抑えようとしたが、抑えられなかった。もちろんまだ普通選挙ではなかったが、ともあれドイツの一部の国で議会政治も始まったのである。これは「自由」実現に向かっての

非常に大きな一歩であった。

しかしドイツ連邦の一部の国の立憲化、また議会政治の始まりは、反面、諸邦分立体制を強化する側面ももっていた。ドイツが統一される前に、自由主義や立憲主義の要求が個々の連邦国のレヴェルで実現されていったら、そしてドイツが個別諸邦に分かれたまま個々の国が近代国家としての体制を整えてゆくとしたら、これはドイツの統一を促進するというより、むしろ阻害することにもなる事態ではないだろうか。諸邦分立のドイツにおいて、「自由」と「統一」は必ずしも予定調和の関係にはない。これはドイツの自由主義的統一運動が抱えこんだ途方もない難問であった。

3　一八四八年の革命

三月革命　一八四八年二月フランスに「二月革命」が起こると、その余波を受けてドイツでも「三月革命」が起こり、ウィーンやベルリン、またドイツ各地で改革を求める大衆運動が広がり、各連邦国の保守的政府は軒並み倒壊して自由主義的な「三月内閣」がつくられた。農村でも、特に農民解放など改革が遅れていた地域ではかなり激しい農民一揆が広がって、政府に改革の実行を迫った。なおウィーンではメッテルニヒが失脚して亡命、すでに破綻を来していたウィーン体制は、そのお膝元から呆気なく崩壊する。

ドイツ各邦では、ナポレオン時代に始まる改革で滞っていた部分が急いで仕上げられる。改革はすでにある程度進んでいたから、その仕上げは比較的スムーズであった。代表的には農民解放による領主制の解体だが、いわゆる「近代化」のための改革はドイツの場合、総じてナポレオン時代に始まり、一八四八年の革命で完成をみた、と言っていいように思う。いまだ憲法をもっていなかったオーストリアとプロイセンでは、新たに立憲国会が開かれて憲法を準備することになる。

ドイツ国民議会の改革路線

憲法は全ドイツのためにも準備された。それが各邦での選挙を経て、五月、フランクフルトのパウロ教会で開かれた「憲法制定ドイツ国民議会」の役割である。現実に個別諸国家が存在し、改革の実績もあげている以上、統一運動も大勢は諸国家の連邦制的統一を目指していた。しかしそれは決して単なる諸国家の統合に終わってはならない。ドイツ国民の自由主義的統一の内実をもたなければならない。それは全ドイツ憲法と全ドイツ議会をもった立憲的ドイツ国家でなければならない。それが当時の自由主義者の願望であって、この願望がまずはドイツ国民議会となったのである。

この国民議会はまことに「選良」の議会で、また「教授議会」と呼ばれたほどに学者が多かったが、職業で最も多いのは司法・行政の官吏であり、これが当時のドイツの指導的知識市民層の実態である。従って革命によって出来た議会とはいえ、主流は革命というよりも改革路線であり、君主制を否定するような共和主義は否定される。そして共和制を民衆蜂起で実現しようとするような文字通りの革命運動は(革命の冒頭と終末期に見られた)、パリの「六月暴動」に似た都市下層民の騒乱と同様、徹底的な弾圧の対象になるのであった。

全ドイツ憲法とオーストリア

ともあれ国民議会は、全ドイツ憲法の作成には全力をあげて取り組んだ。それは「公論」によって新しい国民国家をつくり出そうとした壮大な試みだったと言える。ただし学者流に議論を重ねているうちに、統一憲法実施の政治的タイミングを失してしまった。それもまた事実である。議会は「国民の基本的権利」の制定から始めたのだが、後のワイマル共和国憲法や現在のドイツ基本法の基礎にもなったこの基本権の条文が出来上がって公布されたのは十二月、その時にはもう、ドイツの政治世界は「反革命」に向かって動いていたのである。

決定的だったのはオーストリアの反革命である。オーストリアは革命当初、ウィーンを中心とする立憲主義の運動によってだけでなく、領内各地の民族主義運動によっても大きく揺さぶられた。当時オーストリア領だったヴェネツィア・ロンバルディアとハンガリーでイタリア人とマジャール人の民族独立運動が起こり、ボヘミアでもチェコ人が民族運動を起こした。多民族国家オーストリア帝国は、国家崩壊の寸前まで行ったのである。

しかし六月、ヴィンディシュグレーツ将軍が軍隊の力でプラハの民衆蜂起を制圧し、八月にラデツキー将軍が北イタリアで勝利したことから流れが変わる。ハンガリーへの軍隊出動を阻止しようとした十月のウィーンの民衆蜂起は、「三月革命」をはるかに越える民衆の革命運動となったが、これも結局は軍事力で残酷に制圧されてしまう。十一月、新首相シュヴァルツェンベルクはオーストリア帝国の不分割・一体性を宣言した。これはフランクフルトの国民議会に対する真っ向からの挑戦であった。

それというのも、当時フランクフルトで準備されていた統一案は、旧神聖ローマ帝国の領域を引き継いだドイツ連邦の領域をそのまま引き継いで、これを統一ドイツの国境としており、連邦領域外とされていたオーストリア領のイタリアやハンガリーは「ドイツ」には入っていなかった。換言すればオーストリア帝国は「ドイツ的部分」と「非ドイツ的部分」に分けられ、ボヘミアを含む「ドイツ的部分」だけが統一ドイツ国家に属することになる。オーストリアの一体性宣言はこれを否定し、自国の一体性を守ることによって、その分割を前提とするフランクフルトの「大ドイツ的」ドイツ統一案を拒否したのである。

大ドイツと小ドイツ

いわゆる「大ドイツ」「小ドイツ」の議論も、この事態にからんで展開された。「大ドイツ（主義）」というのは、もともとの統一案がそうだったように、あくまでオーストリアの「ドイツ的部分」（のみ）をドイツ国家に含め、いわばドイツ人すべてによるドイツ国民国家をつくろうとする立場であり、それに対し「小ドイツ(主義)」は、理想はともかく現状では多民族国家オーストリアを入れるのは無理として、それを除いたドイツ諸国家の連邦国家をつくろうとする立場である。この「小ドイツ」では、当然のことながらプロイセンが指導的な地位につくことになる。

フランクフルトでは、初めは大ドイツ主義の方が主流であった。オーストリアのドイツ人とも一緒に――それが自然の国民感情であろう。しかし態勢を立て直したオーストリアの方が四八年十一月の一体性宣言に続き、四九年三月、オーストリア帝国の単一・不可分を宣言した欽定憲法を発布するに及んで(大ドイツ主義の最後的否定である)、大ドイツの立場は動揺する。結局元来の大ドイツ派の一部のものが小ドイツやむなしと諦念したことによって、一八四九年三月、「小ドイツ的」ドイツ帝国憲法が成立したのだった。

革命の終焉

しかし、それに続いてドイツの世襲皇帝に選ばれたプロイセン国王フリードリヒ・ヴィルヘルム四世は、「議会の恩恵による」帝位につくことを拒否、ドイツ統一憲法は宙に浮く。中小邦でこの憲法を承認した国もあったが、プロイセン、オーストリアをはじめ、主な国は軒並み不承認で足並みをそろえたから、どうしようもなかった。

各国政府の指示で議員たちは議会を去り、統一憲法の実施を要求して革命を続行しようとした急進派の蜂起(「帝国憲法闘争」)もプロイセンの軍隊に鎮圧された。こうして一八四八―四九年のドイツの革命は終わる。個別諸邦の改革に見るべきものがあったとしても、国民主導によるドイツ統一は完全に失敗した。これが革命の決算である。

4　ビスマルクによるドイツ統一

五〇年代のプロイセンとオーストリア

国民議会のドイツ統一の試みが失敗した後、革命中その活動を停止していたドイツ連邦がまた復活した。しかし、革命の前と後では、連邦のありようが大きく変わってしまっている。革命前にはオーストリアの保守的指導にプロイセンが協力する、という形で連邦が運営されていたのだが、この二大国の協調関係が崩れてしまったのである。ドイツにおけるリーダーシップをめぐって両国の間にいろいろなことがあったが、ここでくわしく書くことはできない。ただ、革命後の五〇年代はドイツにおける工業化の展開期であり、この年代に、プロイセンの経済力がオーストリアを圧倒することになったことだけは、重要な事実として記憶されなければならない。

ドイツ関税同盟

プロイセンの経済発展は、ドイツ関税同盟の発展と一体となって進んだ。一八三四年にプロイセンの主導のもとに発足した関税同盟は、簡単に言えば、政治的には独立の複数の国が関税政策では一体化して統一的経済領域を形づくる、というものである。ウィーン会議後のプロイセンは国土が二つのブロックに分かれ、ウィーン会議で獲得した西部・ライン川周辺の領土(ラインラント・ヴェストファーレン)とベルリンを中心とする国の中央部の間にハノーファーなど他国が挟まっていた。西部の領土はドイツ工業の心臓部ともなるルール地方を含んでいるのだが、これと国の中央が切り離されているのは、一国の経済発展にとってきわめて不都合な事態である。しかし、もし間に入った国がプロイセンの関税・通商政策に合流し、通商政策上プロイセンと一体化すれば、両国は政治的には他国でも、経済的には一つの国と同じになる。これが関税同盟の発想で、プロイセンが関税同盟にかけた期待は、発足後二十年を経、一八五四年にハノーファーが同盟に加盟したことによってほぼ満たされることになる。

オーストリアは関税同盟の発展に加われなかった。加盟の交渉はしたのだが、自国の工業力に自信をもって低関税の自由貿易政策に傾くプロイセンと、未発達の国内工業を高関税で保護しなければならなかったオーストリアでは、関税政策で一致することはできなかった。こうしてプロイセンは、オーストリアの加盟を棚上げすることに成功する。ハノーファーを加えた関税同盟の総輸出額は、一八五三年から五六年の間に三億五千七百万ターラーから四億六千六百万ターラーに増大するのだが(ターラーは、マルクの前のドイツの基本通貨)、オーストリアのそれは逆に一億八千四百万から一億七千三百万に低下してしまう。力の差は全く明らかである。

このような経済問題に加え、政治面でもプロイセンが優位に立つ状況があった。クリミア戦争（一八五三―五六）への対応でオーストリアとロシアの関係が悪化し、またイタリア統一戦争（一八五九）でオーストリアが敗れてロンバルディアを失うなど、オーストリアの外交的失点が続いたこともあるが、内政面で大きかったのは、オーストリアが革命後、一旦公布した憲法も撤回して絶対主義体制に戻ったのに対し、プロイセンが一八五〇年発布の憲法の下で、遅ればせながらも立憲国家になったことである。保守的な政府も、憲法は遵守していた。

プロイセンに対する期待

こういう状況で、もともとプロイセンに期待する人が多かったドイツの自由主義者の間で、改めてプロイセンへの期待が高まったとしても不思議ではない。しかし彼らが期待したのは保守的なプロイセンではなく、自由主義化されたプロイセンである。

ビスマルクの登場

この期待をいわば足蹴にしたのが、一八六二年にプロイセン首相に任命されたビスマルクである。彼は就任直後、「現下の大問題は言論や多数決によってではなく、鉄と血によってのみ解決される」という有名な演説を行なって「鉄血宰相」の異名を奉られたが、実際、軍制改革をめぐって議会下院が政府の予算案を否決すると、以後議会を無視して正規の予算なしの政治を断行するといった暴政を行なったのだった。

ビスマルクは、四八年の革命時に地方貴族（ユンカー）出身のウルトラ保守派として政界に登場した人物だが、五〇年代、連邦議会プロイセン代表公使としてオーストリアとの折衝に当たった経験が彼を政治家として大きく成長させた。彼はその間、政治の一つの大きな要素として「国民」があること、ドイツ統一は国民の自然な要求であり、これを頭から否定してはならないこと、ドイツの政治の指導権をオーストリアと争う場合、国民は味方にもなり得ることを感得したのである。ただし、政治の指導権を国民に渡すわけにはいかない。この信念が彼を当面議会との闘争に駆り立てたと言ってよいだろう。しかしその間も彼は、関税同盟政策など経済政策では一貫して国民の要望に添った施策を講じており、議会もこれを全面的に支持する他はなかったのだ。そうこうするうちに、転機は外交面からやって来る。

普墺戦争と議会との和解

一八六四年、デンマーク国王を君主とするドイツ北端シュレスヴィヒ＝ホルシュタイン公国をめぐってデンマークとの間に戦争が起こったこと、この戦争を共に戦って勝利したプロイセンとオーストリアが、戦後処理をめぐって対立し、ドイツ連邦の改革問題もからんで紛争が一八六六年についにドイツ二大国間の戦争となったこと、これについて細かい経緯は省略させていただく。普墺戦争は短期決戦の典型で、六月中旬に始まって六週間で決着がつき、七月末には休戦条約が結ばれていた。

プロイセンが軍制改革の成果を示した対デンマーク戦争のあたりから、反ビスマルクで固まっていたプロイセンやドイツの政治世論に変化が現れていたが、普墺戦争の結果「小ドイツ的」ドイツ統一が実現に近づいたことから、ドイツの自由主義陣営は、ビスマルクの成果を認めるものと、原則的反対のものとに分裂する。見事だったのはビスマルクが、この機会を直ちに捉えて議会と和解したことである。彼はこれまでの予算なしの政治が正常でなかったことを認めて予算の「事後承認」を求め、議会はこれを承認して事実上ビスマルクを信任した。異なる基盤に立つ政府と議会が交渉と妥協を通じて政治を運営するという、「協商議会主義」とでも言うべき路線が、ドイツの今後の政治運営のあり方として浮上してきた。

北ドイツ連邦

ビスマルクはプロイセン議会と和解する一方、ドイツ問題では断固たる措置をとった。オーストリアはドイツの再編成から排除され、ドイツ連邦は解体、プロイセンは国を分断していたハノーファーなど数カ国を、普墺戦争でオーストリアに加担したことを理由に併合し、北ドイツの大半を自分の領土にしてしまう。そして北ドイツで残った諸国をプロイセンの傘下に糾合して「北ドイツ連邦」をつくったのである。バイエルンやバーデンなど南ドイツの有力諸国は独立国として残ったが、これらもプロイセンとの攻守同盟、また関税同盟を通じて結ばれていた。強行すれば、あるいはこの時点で全ドイツ諸国を一つにまとめることもできたかもしれないが、カトリックと親オーストリア勢力の強い南ドイツ諸国を、この時点で無理に統合することをビスマルクは避けたようである。プロイセンの傘の下に入り得る国を順次入れてゆく。それは基本的に関税同盟の場合と同じである。民族同胞だから一緒に、などという発想はビスマルクには無縁である。
二十二邦からなる北ドイツ連邦は、プロイセン国王を連邦首席とし、政治の責任者としての連邦宰相、諸国代表の連邦参議院と国民代表の連邦議会からなる連邦国会をもって、すでに連邦国家としての実質を備えていた。これを南に拡大すればドイツ諸国が統一されることになる。その機会を彼に与えたのが、ドイツが強国に成長するのを阻止しようとして介入してきたフランスの皇帝ナポレオン三世である。

普仏戦争とドイツの統一

一八七〇年、ビスマルクはナポレオン三世の介入を逆手にとって相手を窮地に追い込み、フランスから仕掛けさせて、またもや戦争となる。これが一般に

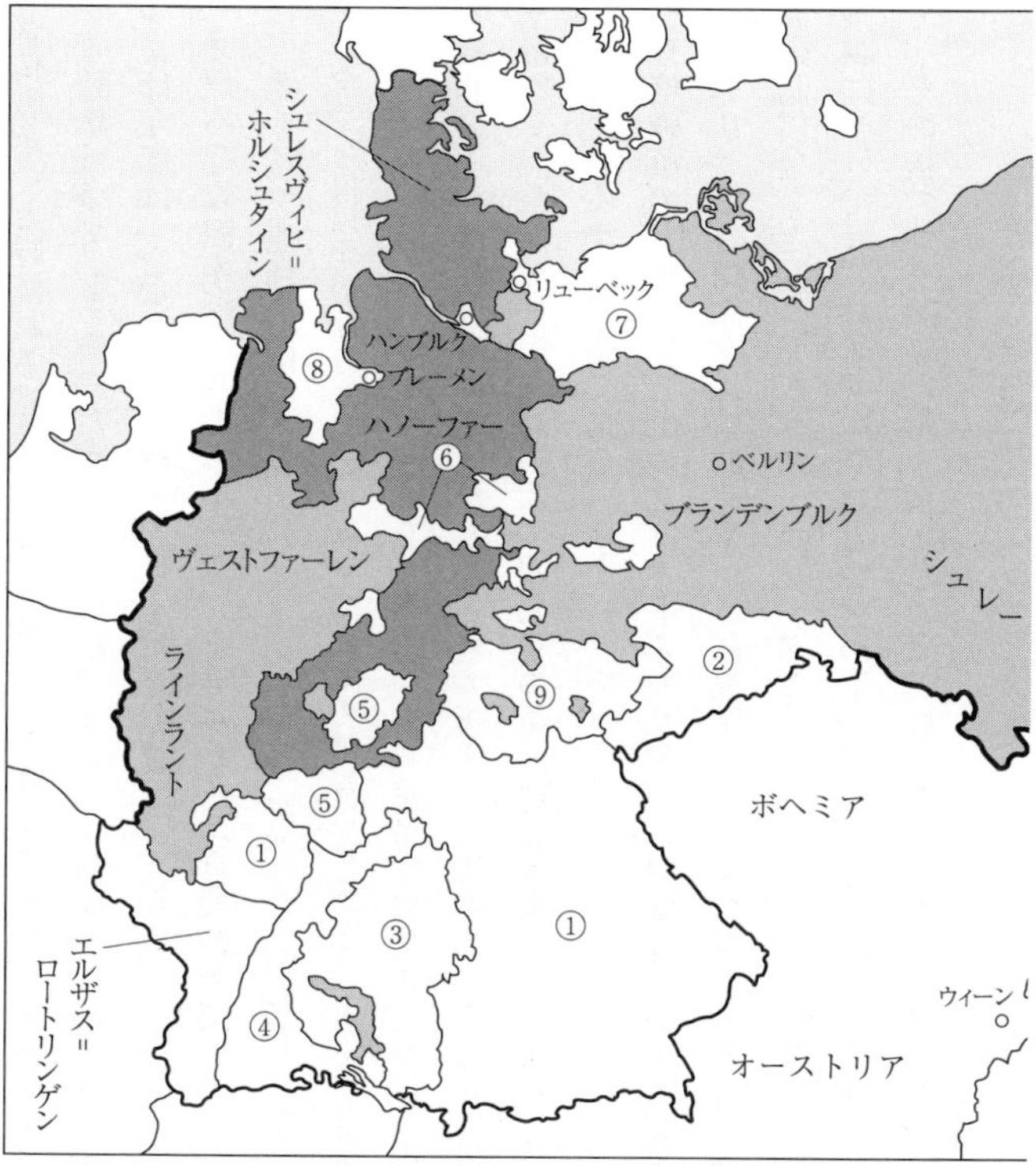

①バイエルン王国　②ザクセン王国　③ヴュルテンベルク王国　④バーデン大公国　⑤ヘッセン大公国　⑥ブラウンシュヴァイク公国　⑦メクレンブルク＝シュヴェリーン公国　⑧オルデンブルク公国　⑨テューリンゲン諸国（ザクセン＝ワイマル大公国など）

地図5　ドイツ帝国1871年

「普仏戦争」と呼ばれる戦争で、北のみならず南ドイツの諸国もプロイセンと同盟して戦ったから独仏戦争でもあるのだが、共通の敵フランスに対するこの共同の戦いを利用して、ビスマルクは今度は一気にドイツ統一を仕上げてしまう。

まだパリ攻囲中の一八七一年一月、ヴェルサイユ宮殿鏡の間でドイツ帝国の発足が宣言された。北ドイツ連邦に南ドイツのバイエルン、ヴュルテンベルク、バーデン、ヘッセン(ヘッセンはマイン川以北の部分についてはすでに北の連邦に加盟していたから実質は三国)が加盟し、「連邦」と「連邦首席」という名称を「帝国」と「皇帝」に変えただけなので、プロイセンが支配する北ドイツ連邦を南に広げたものと言ってよい。当然のことながらプロイセン国王が世襲の皇帝になった。ただし一八四八―四九年の革命時とは異なり、国民ではなく、ドイツの諸君主の推戴による世襲皇帝である。

普墺戦争のとき、ビスマルクはオーストリアから賠償金も領土も要求することなく、戦後オーストリアとの関係を比較的速やかに修復することができた。それに対し、フランスからは多額の賠償金をとり、アルザス・ロレーヌ(エルザス・ロートリンゲン)の割譲も強いた。この領土割譲については、ビスマルクの思惑をめぐって色々と議論もあるが、これが独仏間の刺となって、その後の外交関係に影を落としたことは動かないところである。

第 7 講
ドイツ帝国の光と影

1871 年，ヴェルサイユでドイツ帝国初代皇帝となる
ヴィルヘルム 1 世と，それを見つめるビスマルク

関係年表

1871	ドイツ帝国発足／「文化闘争」始まる
1873	プロイセン「五月諸法」．文化闘争激化／「大不況」始まる
1875	社会主義労働者党結党(90年「ドイツ社会民主党」と改称)
1878	「社会主義者鎮圧法」／ベルリン会議
1879	文化闘争終結／独墺同盟
1882	独墺伊三国同盟
1883	「医療保険法」．ビスマルクの社会立法始まる
1887	独露再保障秘密条約
1888	皇帝ヴィルヘルム一世没．フリードリヒ三世の短い治世を経て，ヴィルヘルム二世即位(～1918)
1890	宰相ビスマルク辞任．後任カプリヴィ(～94)
1894	ホーエンローエ宰相就任(～1900)／露仏同盟成立
1900	ビューロー宰相就任(～09)
1904	英仏協商
1907	英露協商
1908	オーストリア，ボスニア・ヘルツェゴヴィナを併合
1909	ベートマン＝ホルヴェーク宰相就任(～17)
1914	第一次世界大戦開戦

1　ドイツ帝国の構造

プロイセンの覇権的地位？

新ドイツ帝国（かつての神聖ローマ帝国を第一として、「第二帝制」とも呼ばれる）はプロイセン王国、バイエルン王国、ザクセン王国など二十二の君主国と三自由市（ハンブルク、ブレーメン、リューベック）の二十五国からなる連邦国家である。かつて神聖ローマ帝国時代に三百もあった大小の国が、ドイツ連邦では四十弱に整理され、それがさらに減って二十五になったということである。ただしこの二十五国の力関係は対等ではない。国の大きさからしてまるで違う。プロイセン一国で面積、人口ともに全体のほぼ三分の二を占めているのだ（前講の地図参照）。二番目がバイエルンだが、これは二番目というより、二、三が抜けて四番目といった方が当たっているだろう。もともとのプロイセンは、大国とはいえこれほどまでに圧倒的な大国ではなかったのだが、普墺戦争後の諸国併合でこうなった。従ってよく「小ドイツ」帝国と言われるが、むしろ「大プロイセン」帝国と言った方がいいようなところがある。

プロイセンの優位は連邦の国制にも表れている。プロイセン国王が帝国の世襲の皇帝で、この皇帝が帝国宰相を任命して帝国の政治を行なわせるが、この宰相は通常プロイセン首相が兼ねるところとなっていた。帝国発足当初は帝国の政治組織、官庁組織も整わず、とりあえずプロイセンの大臣や官庁が帝国の統治業務にも当たるといった風であった。

覇権と均衡

だから帝国におけるプロイセンの優位は疑うべくもないのだが、ここからして、プロイセンはその気になれば何でもできたろうと考えたら、大きな間違いになる。それは旧連邦議会の後身、連邦参議院における票の配分（表参照）を見ても分かる。

連邦参議院の票の配分

プロイセン	17
バイエルン	6
ザクセン	4
ヴュルテンベルク	4
バーデン	3
ヘッセン	3
メクレンブルク＝シュヴェリーン	2
ブラウンシュヴァイク	2
その他17小国	各 1
計	58

帝国の立法府としては、国民代表機関としての帝国議会と、各国政府代表である連邦参議院があり、帝国の立法・行政上後者の権限が大きかったのが特徴なのだが、この連邦参議院の全票数五八のうち、プロイセンの票は十七、全体の三〇パーセントである。むしろ控えめな票数というべきであろう。憲法改正には特別の多数決が必要で、ほぼ四分の一相当の十四票で否決できたから、プロイセンは一国で自国に不都合な憲法改正を阻止できた。しかしバイエルンなどいくつかの国が結束すればプロイセンのごり押しも比較的容易に阻止し得たのであって、私

はむしろ中小国にも相応の配慮がなされているという印象をもつ（各一票の小国票合計がプロイセンと同数）。プロイセンが圧倒的な力をもっているが、さりとてごり押しはできず、諸国が互いにチェックしながらバランスを保っている。それがドイツ帝国の政治の仕組みである。

チェック・アンド・バランスの体制

こういうチェック・アンド・バランスの関係は、帝国議会と連邦参議院の間にも見られる。帝国議会は当時ヨーロッパで最も民主的な男子普通選挙で選ばれており、まさに国民代表議会といえる議会であった。当然のことながら法律の議決権や予算審議権をもっていて、この議会を無視してはもはや何ぴとも帝国の政治を行なうことはできないのである。しかし、それでは帝国議会が帝国の政治の中心機関になったかと言えば、そうではない。連邦参議院が法律の認可権をもっていて、最終決定権はむしろ参議院の方にあったのだ。その上、宰相の任免権は皇帝一人が握っており、議会にはこの関係で何の権限もなかった。だから不信任決議で政府を倒すこともできず、イギリス的な議会主義政治は行なわれ得ないのだが、反面政府の方も、議会を敵に回すと法律も予算も成立せず、動きがとれないことになる。従って、政府は議会に縛られないが、無視もできないわけで、まさしくチェック・アンド・バランスの関係と言えるだろう。

天性の外交家ビスマルクは、内政をも外交の手法で行なうところがあったが、それが彼のつくったドイツ帝国のシステムにも現れているように思われる。帝国議会と連邦参議院がチェックし合い、参議院の中ではプロイセンと他の国々がチェックし合う。そして政府と議会がそれぞれ別の基盤に立ってチェックし合っている。勢力均衡の内政版である。

しかし、このチェック・アンド・バランスというのは、その本性上、相互に協力して何かをしてゆく、というよりは、他者が自分に都合の悪いことをしないようチェックし合うという関係である。こういう体制は、さまざまな政治要素のうちの一つが突出することを防ぐのには有効であっても、全体が協力して何かを行なうためには、必ずしも有効に機能しない。むしろ阻害的ですらある。だからこの政治システム全体を動かすのには相当の政治力を必要とするのであって、ドイツ帝国の約半世紀の歴史が、前半一八九〇年までのビスマルク時代と、その後で大きく違った様相を呈するのも、そこから理解することができるであろう。

2　ドイツ帝国の政治と経済

ビスマルクのヨーロッパ外交

セバスティアン・ハフナーという慧眼の歴史評論家が、ドイツ帝国について、それはヨーロッパのどの国よりも大きく、しかし一国で覇権を求めるには小さ過ぎるという「ぎこちない大きさ」の国だったと評している（山田義顕訳『ドイツ帝国の興亡』平凡社）。これまでのヨーロッパの勢力均衡は、メッテルニヒが見通していたように、ドイツ内でオーストリアとプロイセンが牽制し合いつつ、ドイツが統一されないでいることを前提としていた。そこにオーストリアを押し退けて「ぎこちない大きさ」のドイツ帝国が現れたのだから、ヨーロッパの均衡は明らかに動揺させられた。他国の目はきびしくドイツ帝国に向けられることになる。

だからこそまた、ビスマルクの努力は、ドイツがすでに「自足」してこれ以上は望まないことを示し、対外的な自制の姿勢で他国の疑念を解くことに向けられる。といってもフランスの対独復讐熱はそう簡単に鎮められるものではないので、フランスがドイツに対して行動を起こそうにも起こせないよう、フランス以外の国をドイツの同盟国ないし友好国に取り込んでフランスを孤立させようとする。普墺戦争で破ったオーストリアとの関係を修復して独墺同盟(一八七九)を結び、これを独墺伊三国同盟(一八八二)に発展させたのをはじめ、ビスマルクは実際各種同盟関係を連ねてフランスを動きのとれないように包囲してしまった。他方ヨーロッパの国際関係がこれ以上動揺しないよう、ヨーロッパの一部に戦争の危険が生ずると、「公正な仲買人」として平和を仲介する。一八七八年のベルリン会議の時がそうで、ウィーン会議時のメッテルニヒと同様、ビスマルクが外交のパートナーとしたのはイギリスだった。ドイツはイギリスを直接の同盟国とはしていないが、ビスマルクの「平和」外交がイギリスとの友好関係を大前提にしていたことは見落されてはならない。

ある理念に導かれてというよりは、変化する状況への対応が彼の外交の本質であろうが、ともあれドイツの安定のためにもヨーロッパに安定を、という彼の外交が成果をあげたことは確かである。問題は彼が、ドイツ帝国の内政において、外交で示したような柔軟性を示さず、むしろ力に頼ってことに当たったことである。

強権的内政

ビスマルクはドイツ帝国成立後、彼の統一業を評価して協力的になった穏健自由主義勢力をパートナーとして、帝国の統一国家としての法整備に努めたが、反面新帝国に批判的な勢力に対しては、これを「帝国の敵」として容赦なく弾圧した。最初にその標的となったのは、南ドイツを主たる地盤とするカトリック勢力で、これは政治的には「中央党」に結集するのだが、ビスマルクは一八七〇年のヴァティカン公会議の「教皇無謬論」に反発する自由主義者の支持を得て、カトリック教会を国家の規制に服させるための「文化闘争」を展開する。しかし一八七三―七四年のプロイセンの「五月諸法」など各種教会規制法もカトリックの結束を崩せず、中央党の勢力が減退することはなかった。

ビスマルクは、その後方針を転換、攻撃の矛先を新たに興隆した社会主義勢力に向けることで、中央党との和解を計るが、一八七八年の「社会主義者鎮圧法」に始まる社会主義との戦いは、文化闘争以上に大きな失敗に終わった。弾圧と懐柔、いわゆる「飴と鞭」の政策に発する八〇年代の社会政策立法は「医療保険法」、「災害保険法」、「老齢・廃疾保険法」からなり、それ自体は当時世界最先端の社会立法だったのだが、これも労働者を懐柔する効果はなく、ドイツ社会民主党（一八七五年に二つの社会主義政党が合同して社会主義労働者党となり、それが一八九〇年にドイツ社会民主党と改名）は帝国議会にも着々と議席を増やしていった。そして、にもかかわらず対社会主義強権政策に固執したことが命取りになって、ビスマルクは一八九〇年に職を辞することになるのである。

負の統合

ビスマルクの国民統合政策は、歴史家によってしばしば「負の統合」と呼ばれている。これは、大プロイセン的小ドイツ帝国に容易に同化し得ない国民の一部に「帝国の敵」の烙印を押し、それに対する敵意を煽り、この共通の敵に対する敵意をテコにして、他の相対的に多数の国民を統合しようとするような政治手法を指す言葉で、簡単に言えば政治における「いじめ」の構造である。ビスマルクがどこまで意図的にそれをやったかについては議論の余地があるが、「文化闘争」や「社会主義者鎮圧法」に、そういう側面があったことは間違いないであろう。「負の統合」は、結果として国民の中に深い亀裂を生み出すことになる。

しかしその間、ドイツの経済は目ざましい発展をとげ、これは第一次世界大戦まで、ほとんど止まるところがなかった。帝国創建直後のいわゆる「会社設立ブーム」は

ドイツの経済発展

一八七三―七四年の恐慌で終わり、以後景気は波打ちながらも九〇年代中頃まで全体としては低成長期（歴史学界では一般に「大不況」と呼ばれている）に入るが、その前と比べて

低成長であれ、経済成長が止まったわけではない。そして一八九五年から世界大戦まで再び好況期に入って、経済は改めて目ざましく発展するのである。

ドイツの経済の牽引車となったのは、まずは「石炭と鉄」に象徴される重工業で、ドイツの石炭生産量は一八七一―七五年の平均三千五百万トンから、一九一三年の一億九千万トンに増大する。銑鉄生産高は同じ期間に五百三十万トンから二千八百七十万トンに増加、ドイツの鉄生産は、大戦前にはイギリスを含む他のすべてのヨーロッパ諸国をはるかに引き離してしまった。しかしドイツ帝国の経済の特徴は、「石炭と鉄」の伝統的重工業ばかりでなく、あるいはそれ以上に、電機や化学という新時代の技術産業において圧倒的に世界をリードしたことである。電機ではジーメンスとアー・エー・ゲーが張り合い、化学では帝政時代の六大化学会社がのち一九二五年に合同してイー・ゲー・ファルベンという大会社になった。

生産面の躍進だけでなく、ドイツは通商面でも世界最大の商船隊の一つ(一九一三年に二千隻、四百三十万トン)を有するにいたり、総輸出額ではアメリカに次いで世界第二位、工業製品ではイギリスと並ぶ世界最大の輸出国となった。この時代にドイツは農業国から工業国に急速に転化したが、農業生産が減少したわけではなく、この期間に穀物とジャガイモの生産はほぼ倍増している。しかし同時に人口は四千百万から六千五百万に増え、ドイツは穀物の輸出国から輸入国に変わったのである。

政党と団体

ドイツが急速に工業国に変貌してゆく中で農業界は危機感をいだき、「農業者同盟」(一八九三)などを結成して農業利益擁護の運動を展開した。他方、工業界は工業利益の重視とドイツの海外進出を求めた。「艦隊協会」(一九〇〇)はその一つの現れである。ビスマルクは若いドイツ帝国を「自足」の中に封じ込めようとしたが、国民の中から、その枠を突破しようとする動きが出てきたのは重要である。なお政党では保守党が農業界に、かつてビスマルクの与党だった国民自由党はおおむね工業界に結びついている。中央党はカトリックの政党として勢力を確実に保ち、常に政界再編成の鍵を握る政党になった。労働者の政党である社会民主党は、社会主義者鎮圧法が失効になった一八九〇年以降、マルクス主義的革命的階級政党として帝国議会に急速に議席を増やし、一九一二年の選挙ではついに帝国議会第一党の地位を獲得する。といってもドイツ帝国は議院内閣制ではなかったから、社会主義政府ができることはあり得なかったけれども。反面ドイツ経済の発展は労働者の生活をも確実に向上させており、社会民主党の最大の支持母体である自由労働組合、ひいては社会民主党の中にも、革命よりも現実的な改革を通じて労働者の地位の向上をはかろうとする動きが生じてくる。いわゆる「修正主義」の路線である。

経済の発展は、社会の利害関心を分極化、多極化してゆく。それが諸団体の結成や政党の編成・再編成にも現れる。問題は政府がそれらの諸利益をどう統合するかであろう。

政府と議会

ビスマルクというカリスマ的指導者が政界を去った後、宰相の地位はカプリヴィ(在任一八九〇―九四)、ホーエンローエ(一八九四―一九〇〇)、ビューロー(一九〇〇―〇九)、ベートマン＝ホルヴェーク(一九〇九―一七)と受け継がれていった。各政府とも、その時々の状況によって支持政党を組み替えながら、議会に多数の支持基盤をつくることを試みているが、いずれも安定した多数派形成には成功しなかった。ホーエンローエ時代の末期に、重工業と農業利益を結びつける「結集」政策が試みられたが長続きせず、ビューローの時代には、社会民主党と中央党以外の諸政党を連ねた「ビューロー・ブロック」が成立したが、これもプロイセンの選挙法改正問題と帝国財政改革問題をめぐって崩壊した。最大の連邦国であるプロイセンでは、「三級選挙法」という、納税額によって有権者の票の重みに差がつく不平等選挙が行なわれており、その改正問題がプロイセンのみならず、ドイツの政治の重大問題になっていた。また、直接税は各連邦国の収入となり、帝国の財政は専ら関税と消費税による(足りない分は各邦の「分担金」による)というシステムで行き詰まった帝国の財政問題も大きな政治問題だったのだが、これについては、「ブロック」各党の対応が大きく違っていたのである。

第一次大戦時の宰相となるベートマン＝ホルヴェークは、一転して中央党と保守党に頼ろうとしたが、これは帝国議会では少数派に過ぎなかったし、社会民主党を躍進させた一九一二年選挙では与党は軒並みさらに議席を減らしたのである。こういう状況で一三年、アルザスのツアーベルンで軍隊と住民の衝突事件が起こると、ベートマンは軍部の行き過ぎを抑えることができず、帝国議会の圧倒的多数による非難決議を受けることになった。しかしこれを以て政府への不信任として宰相の辞任を明確に要求したのは社会民主党だけであった。他はみな、政府は政府、議会は議会で妥協点を探る「協商議会主義」(前講一三七頁参照。飯田芳弘『指導者なきドイツ帝国』〈東京大学出版会〉の分析に学べば、政府と議会「両機関の間の交渉・協調」が基軸となる政治運営)の枠内で動いていたように見える。どの程度議会の影響力の増大を望むかについては、各党の態度はさまざまであったけれども。

ドイツの孤立化

ビスマルク後、ドイツを取り巻くヨーロッパの状況は大きく変わった。その経緯を細かく書くことは省くが、ビスマルクが孤立させたフランスに代わって、ドイツ帝国がヨーロッパで孤立する事態になったのである。外交上のビスマルク体制を支えていたロシアとの「再保障条約」(独露どちらかが第三国から攻撃を受けた場合、パートナーは中立を守ることを約した秘密条約)は更新されず、ロシアはシベリア鉄道建設で資金を頼っていたフランスに接近、一八九四年に露仏同盟が成立する。ドイツはイギリスとの同盟を模索するが、イギリスの海軍に対抗したドイツの「建艦競争」や、若気の至りの新皇帝ヴィルヘルム二世の不見識な言動(「デーリー・テレグラフ事件」)などもあって、イギリスとの関係が冷却、一九〇四年には英仏協商、〇七年には英露協商が結ばれて、たちまちドイツ包囲網が形成されてしまう。

ドイツがイギリスとの関係を自ら破壊したことは、ドイツにとって致命的であった。以後ドイツが頼れるのは独墺伊三国同盟だけになったが、これがオーストリアを通じてドイツをバルカン問題の紛争に巻き込むことになる。オーストリアはベルリン会議で行政権を得たオスマン帝国領ボスニア・ヘルツェゴヴィナを一九〇八年に併合、これに対しセルビアが強く反発する。これが第一次世界大戦の導火線になったのは周知の通りである。

3　帝制期ドイツの社会の諸相

「軍国主義の国ドイツ」

ドイツ帝国の時代、ドイツの社会はどんな風だったか、これについて一番ポピュラーなイメージは「軍国主義の国」であろう。これは、第一次大戦と第二次大戦を起こして世界を戦乱に巻き込んだドイツという、二十世紀のドイツのイメージを過去に投影してつくられた部分もあるが、しかし歴史的に見ても、このイメージは決して根拠がないわけではない。第5講で述べたように、プロイセンという国は軍隊中心の国づくりをした国であり、この国では伝統的に軍人が国家第一の身分としての地位を誇っていた。そしてそのプロイセンがやはり軍事力をテコに、三つの戦争の勝利を通じてドイツ諸国を統合した、それがドイツ帝国だからである。他の国も戦争はするし、軍人が社会で高い地位をもつのもドイツだけの現象ではない。しかし国民的祝日と言えばまず戦勝記念日というのは、他国にはあまり例のないことであろう。

なお、軍隊的な気風がドイツの社会に浸透するのに貢献した制度に「一年志願兵役制」というものがある。一定の学歴のある者は一般の徴兵（兵役三年）とは別に、装備自弁で一年間の志願兵となることができ、この兵役を済ますと予備役将校になる資格を与えられる。これは一般市民にとっても名誉なことで、それを望む者が多く、と言ってそう簡単に得られるものではないから、得た者は何かにつけて誇らしげに軍服で身を固める。元来は軍隊と市民社会をつなぐというリベラルな発想で作られた制度が、市民を軍国的に選別するシステムに転化してしまったものだが、ともあれドイツ（とりわけプロイセン）は、市民が好んで軍服を着る社会だったようである（望田幸男『軍服を着る市民たち』有斐閣）。

「学問の国ドイツ」

しかし、「軍国ドイツ」とは別に、「学問の国ドイツ」というイメージもあるだろう。そして、これもまた十分に根拠のあるイメージである。ドイツ帝国の時代、ドイツは明らかに学問で世界をリードしていた。それは特に自然科学において歴然としていた。例えば十九世紀最後の二十五年間になされた物理学（熱、光、電気、磁気）の分野での新発見は、イギリスの研究によるものが七五一件、フランスが七九七件、それに対しドイツの研究が千八百八十六件である。同じ時期、生理学の分野における全世界の独創的な研究の六〇パーセントはドイツの研究なのであった。だからその頃創立されたばかりの東京大学の教授たちが次々とドイツに留学したのも、全く当然のことなのである。ドイツ詣では日本だけのことではなかった。全十九世紀を通じて九千から一万のアメリカの留学生がドイツに留学し、その約半数が帰国後大学の教職に就いたと推定されている。アメリカでドイツ語の知識が博士号をとる前提条件になった時代もあるのだ。このドイツの優位の背景にはドイツの大学制度があるとされ、大革命時代に伝統的な大学を廃して専門学校中心の学校制度をつくったフランスも、十九世紀末にはドイツに学んで大学制度を復活させたのであった。

　ドイツの学問の先進性は、もちろん大学だけの問題ではなく、国民全体の学力水準の高さに負っているところがある。ヨーロッパの義務教育は十七世紀にドイツのプロテスタント諸国から始まると言ってよく、ドイツの就学率は十九世紀末には世界に先駆けて百パーセントを達成している。フランスの教育大臣を勤めたクーザンという人が、プロイセンは「兵営と学校の古典的国家だ」と言ったと伝えられるが、実際そんな趣があった。

テクノクラートの国ドイツ

ところで、理念として研究と教育の自由を掲げ、実際には研究中心に組織されていたドイツの大学でも（大学の教師が研究業績で選ばれるのは、ドイツから始まったことである）、そこに学ぶ学生がみな学問の道を目指していたわけではない。大部分はむしろ、大学を出ることで得られる高度の職能資格、とりわけ国家の官職を目指して大学に来たというのが実情で、これは、大学に行くためにはまずそこで学んで大学入学資格を取らなければならなかったギムナジウム（ギリシア・ラテンの古典語教育中心の九年制の中等学校）の生徒の志望調査からもはっきり言えることである。

ドイツ語に「アカデミカー」という言葉がある。大学を出て然るべき資格を取り、その資格に相応しい官職・職業に就いている人といった意味である。具体的には国家官吏や法律家（裁判官・弁護士等）、大学教授やギムナジウムの教師、医師、聖職者、それに文筆家などの知的専門家だが、これらは文筆家を唯一の例外として、みな大学で学んだ上で何らかの国家試験を受け、その資格を得る必要のある職業である。その社会的重みの背後には「国家」の威光がちらついている（すべてが国立大学である大学の教授職はもちろん、国家教会制のプロテスタント諸国では、聖職もまた国家的官職である）。

このアカデミカーの社会的地位の高さは、国家との結びつきばかりでなく、あるいはそれと関連して、ドイツが際立った「資格社会」だということからも理解される。資格社会、それも学校制度と結びついた資格社会である（望田幸男編『近代ドイツ＝「資格社会」の制度と機能』晃洋書房）。それは制度的には十九世紀から整備され始めたのだが、大学に入るには前述のようにギムナジウムで学んで大学入学資格を取らなければならなかった。そして先述の「一年志願兵役制」の特典は、ギムナジウムでの七年間の勉学（「中間終了資格」）と結びついており、それはまた中級の国家官職資格への道でもあった。だからはじめからそれを目指してギムナジウムに入り、この「中間終了資格」を得て退学する生徒も多かったのである。いま現在ドイツには各種マイスターをはじめ法律で定められた専門的技能資格が四百五十種あり、大学出の人が取る法定資格が百三十九種あるそうである。十九世紀にはまだ法整備がそこまでは進んでいないけれど、ともあれアカデミカーはそういう資格社会におけるトップの専門職である。別の言葉を使えば「テクノクラート」と言ってもよい。「高度の科学的知識や専門的技術をもって社会組織の管理・運営にたずさわり、意思決定と行政的執行に権力を行使する技術官僚」(『広辞苑』)である。

ヨーロッパの市民階級は一般に「財産と教養」の階級と表現される。その際伝統的に「教養」に特別の重みが置かれるのがドイツの特徴なのだけれども、このドイツ的「教養市民」の実態、少なくとも中核は、アカデミカーと呼ばれるテクノクラートである。私には帝制時代のドイツの社会の特徴は、専門職システムをも含意して「テクノクラートの社会」と呼ぶのが一番相応しいように思われるのだが、どうだろうか。ちなみに軍人は正真正銘、軍事技術のテクノクラートである。

いろいろなドイツ

「ドイツ」と一口に言っても、いろいろなドイツがある。政治構造に則して言えば、「帝国」レヴェルと連邦国レヴェルではすでに違う。日本ではプロイセン＝ドイツとして、プロイセンの事例をそのままドイツの事例としてしまうことが多いが、それはやはり違うだろう。政治制度からして、問題の多い三級選挙法を固守し、社会民主党の進出を許さなかったプロイセンに対し、帝国議会同様に普通選挙を導入していった連邦国もある。バーデンのように、自由主義政党が政権党になっていた国もある。

人びとがその中で生きている生活文化（ミリュー）は、プロテスタントのプロイセンとカトリックのバイエルンで、はっきり違う。プロイセンに属していても、カトリックのラインラントは別の気風である。都市と農村でも違うし、同じ都市でも、「財産と教養」の社会層が住む高級住宅地区と、労働者の居住区ではまた違う。当然のことだが、こういうことをもう一寸強く意識した方がいいように思う。邦レヴェル、自治体レヴェルの研究は、日本ではまだそう進んではいないし、私もそれを総合的に見渡すことはできないのだが、ここではとりあえず都市化の時代を迎えるドイツの人口動態と、ベルリンを中心とする都市社会について、一般的なことを少し書いておこうと思う。

若いドイツ

ドイツの人口は一八七一年に約四千百万、それが一九一四年には六千七百八十万になっている（以下各種データは主にヴェーラー『ドイツ社会史』第三巻、一九九五、による）。なお当初かなりの数の海外移住（主としてアメリカへ）があったのだが、出てゆく移民は世紀末には目立って減り、逆にオーストリアを含む近隣の外国からの人口流入が目立つ。ドイツ帝国は人口不足国になっていた。経済が発展し続けてさらに人手を必要とする国、経済発展のキャパシティーがなお十分にある国になっていた。

急激な人口増は、簡単に言えば出生率が上がった上に、死亡率が減ったことによるもので、特に死亡率は世紀末に衛生状態の改善により目に見えて低下したのだが、これは人間の寿命を大幅に伸ばすことにもなった。一八七一/八〇年から一九〇一/一〇年の間に、平均余命(あと何年生きられるか)は十五歳の男子で四二・四年から四六・七年に、女子の場合、四四・二年から四九・〇年に伸びている。これは大きな事実である。余命が長くなってゆく社会は、そこに生きる人びとにとって悪くない社会であったはずである。一九一〇年には四人に一人の男性、三人に一人の女性が七十歳に達している。しかし老齢化社会になったのではない。ドイツの人口構成は、一九一一年に六歳以下が一四・五パーセント、その上は六—十五歳が一九・七、十五—二十歳が九・七、二十—四十五歳が三五・九、四十五—六十五歳が一五・三、六十五歳以上が五・〇(各パーセント)。当時のドイツの社会は、今の日本などから見ると、溜め息が出るような若々しい社会だった。力と成長力に満ち溢れた社会だった。そう言っていいだろうと思う。

「世界都市」ベルリン

一八七一年以前のドイツでは、人口のほぼ三分の二が農村(住民二千以下の町村)に住んでいた。それが一九一〇年には五分の二になっている。関係が逆転したのである。特に目立つのは大都市の急成長で、人口十万以上の大都市が八から四十八に増え、人口の五分の一、五人に一人は大都市に住むようになっている。大都市の生活スタイルが他を規定してゆく現代社会の原型は、この時代に生まれたのだ。

現代都市の外形的構造もこの時代に整えられたと言ってよい。近代的都市改造といえば、一八五〇―六〇年代のナポレオン三世とオスマンによるパリの都市改造や、旧市街を取り巻く市壁を華麗な「リング大通り」に変えた同時期のウィーンの都市改造が非常に有名だが、ドイツ帝国の首都ベルリンも一八七〇年代以降大々的な都市改造を経験した。ベルリンと、その西に広がるグルーネヴァルトの森林地帯、そしてその西端の宮殿都市ポツダムを一体化し、グルーネヴァルトをそっくり都市公園として取り込むという壮大な計画による都市改造である。ブランデンブルク門周辺に豪壮な国会議事堂や官庁街が整えられたのもこの時代である。

都市のインフラストラクチャーの整備も進んだ。上下水道が整備され、衛生状態は格段に改善される。照明、暖房、炊事のためにはまずガスが、次いで電気が供給されるようになる。鉄道馬車が主流だった市街鉄道の電化も一八八一年に始まり、一九〇四年にほぼ完了した。このプロセスは他の都市も大体は同じで、なおこれら公共事業は私営で始まったものもあるが、その後公営化が進んでいる。当然のように見えるけれども、当時のヨーロッパでは特にドイツに特徴的な現象であったという。ドイツは公営企業の先進国で、「都市社会主義」(「自治体社会主義」とも)という言葉が使われたりもする。

なぜドイツで特に、ということについては、官僚主導の改革の伝統とか、都市自治の伝統とか、いろいろ議論もあるようだが、実際問題として、農業国から工業国へ、そして農村から都市への転換が他国よりはるかに早いテンポで進んだドイツでは、住宅問題や交通問題など早急に解決すべき問題が山積し、都市当局が否応なく自らこれと取り組まざるを得なかったということではないかと思われる。二十世紀初頭、人口二百万のベルリンはすでに一万一千名の都市職員と一万八千名の労働者を雇用していた。官僚制は都市にも浸透する。

「世界都市」という言葉がある。世紀末のドイツで、帝国の首都ベルリンを指して使われ始めた言葉である。ベルリンは確かに力に溢れ、まさしく「世界都市」に向かって驀進していた。「世界都市」――そこにはしかし、溢れんばかりの自負とともに、すでにある種の不遜さがひそんでいる。

第 8 講

第一次世界大戦とワイマル共和国

第一次大戦での交戦模様

関係年表

1914	第一次世界大戦．7. 墺，セルビアに宣戦．8. 独，ロシアに宣戦
1917	2. 無制限潜水艦作戦．4. アメリカ，対独宣戦．7. 帝国議会「平和決議」．12. ロシアと休戦
1918	1. ウィルソンの「14 箇条」．11. 水兵の反乱からドイツ革命始まる．皇帝退位・亡命．人民委員政府成立．
1919	2. ワイマル国民議会，エーベルトを大統領に選ぶ．6. ヴェルサイユ条約調印．7. ワイマル憲法制定
1920	2. ナチ党結成．3. カップ一揆．6. 国会選挙でワイマル連合敗北
1921	5. 賠償総額 1320 億金マルクに決定．
1923	1. フランス軍，ルール占領．破局的インフレ．11. ヒトラー，ミュンヘン一揆／レンテンマルク券発行
1924	4. 賠償支払いに関するドーズ案
1925	4. ヒンデンブルク大統領選出．12. ロカルノ条約締結
1926	9. ドイツ，国際連盟加盟
1928	5. 総選挙でナチ党国会に進出
1929	6. 賠償支払いにヤング案．10. 世界大恐慌始まる
1930	3. ブリューニング内閣．9. 総選挙でナチス第二党に
1931	大恐慌の影響深刻
1932	4. ヒンデンブルク大統領再選．7. 総選挙でナチ党第一党に
1933	1. ヒトラー首相就任

1　第一次世界大戦

一九一四年七月・八月

第一次世界大戦の導火線となったのは、一九一四年七月二十八日のセルビアに対するオーストリアの宣戦布告だが、これがドイツ政府の強い後押しを得てのものであったことは、今日ではよく知られている。これがセルビアの背後にいるロシアとの戦争、さらにはフランスとの戦争を呼び込むリスクを冒す一歩であることは、ドイツ側は承知の上のことであった。ただイギリスの中立には最後まで期待をかけていたらしい。そのためには何としてもロシアから先に「手を出させ」、ドイツの戦争が正当な「防衛戦争」であるという形をつくる必要があった。それはまた国内諸勢力、特に社会民主党を戦争支持へと動かすためにも必要であった。七月末ロシアが総動員を発令したことを受け、ドイツは八月一日ロシアに宣戦する。

この筋書きからすればドイツは当然東に軍を向けるはずである。ところが軍は別の動きをした。すでに策定されていた「シュリーフェン作戦」(露仏相手の二正面戦争においてはまず主力を西に向け、中立国ベルギーを通過して一挙にフランスを叩き、ついでロシアを撃つという二段階作戦)

に従って西へ向かったのである。ドイツはベルギーの中立を侵犯した上で八月三日フランスに宣戦を布告する。フランスは一日にすでに総動員令を発していたから直ちに応戦し、イギリスもベルギーの中立侵犯を理由として四日ドイツに宣戦を布告した。バルカンの火花は世界戦争に転化したのである。

イギリスの中立は、ドイツ自身の責任によって空頼みに終わったが、ドイツ政府は国内の統合には成功した。国民はこの「祖国防衛戦争」に熱狂し、社会民主党も議員団一致で政府の戦争財政(戦時国債)法案に賛成した。戦争中は政党間の争いを停止して政府・軍に協力するという「城内平和」体制が現出する。ドイツ帝国の成立以来、国民の間にこれほどの一体感が醸成されたことはかつてなかった。しかし国民の熱狂も挙国一致体制も、あくまで戦争が短期決戦でケリがつくことを前提としていたのだ。この点は相手方も全く同じであったらしい。しかし双方の予想を裏切って戦争は長期戦になったのである。

大戦の推移

一気にフランスに攻め込んだドイツ軍は九月、パリ東方のマルヌ川でフランス軍に押し戻される。反面、予想外に早かったロシア軍の進出は、八月末のタンネンベルクの戦勝でくい止め、逆にドイツ軍がロシア領に進撃することになるが、いずれにせよシュリーフェン作戦は失敗に終わる。西方では仏英連合国軍とドイツ軍がにらみ合ったまま戦線が横に広がり、この「西部戦線」は最後はスイス国境から英仏海峡まで長く伸びたまま膠着状態になる。以後三年半、両軍は指呼の間に相対して凄まじい塹壕戦・砲撃戦を繰り広げる。ドイツ側は最初の三カ月で砲弾の備蓄が尽きるという物量戦であった。毒ガスが使用され、航空機と戦車で戦われた科学技術戦争でもあって、両軍の莫大な犠牲(ドイツ軍の戦死者百八十万、戦傷者四百二十五万。フランス側の死者・行方不明者百四十万)とともに、およそ十九世紀的な「戦争」概念を遥かに越える戦争になってしまったのである。

長期的物量戦争となるとドイツは苦しい。ドイツは国民あげての「総力戦」体制をとり、ドイツの戦時計画経済は亡命中のレーニンに感銘を与えて社会主義計画経済へのヒントとなったと言われるが、経済をどう計画化しても、イギリスに海上封鎖され、海外との通商を遮断されては、ドイツは「じり貧」にならざるを得ない。状況打開を図って一七年二月に強行した「無制限潜水艦作戦」が、イギリス逆封鎖の目的を果たさぬままアメリカの参戦を惹起したのだから、なおさらのことである。ロシア革命勃発による東方戦線からの解放(一七年十二月休戦)も状況を大きく変えることはなかった。

ドイツ国内では軍需優先の統制経済や食料配給制度のもとで国民生活は逼迫し、不満が増大し、ストライキや食糧暴動が起こり、一七年七月には帝国議会で「平和決議」が採択されるにいたる。このような危機的状況をドイツは軍部の独裁体制で乗り切ろうとするが、最後の賭であった一八年三月の西部大攻勢が失敗に終わったとき(八月)、軍部は戦争と国内の政治指導権を投げ出し、新政府による即時停戦を提議したのである(九月)。この年一月にアメリカの大統領ウィルソンが発表した「十四箇条」の和平提案の線に添って、遅まきながら議会多数派による「議会主義的」政府がつくられた(十月)。しかし国内体制を整えて連合国と和平交渉に入ろうという思惑は実らない。ドイツは十一月、海軍兵士の反乱をきっかけに、帝制が崩壊してしまうのである。

反戦革命　皇帝の退位・交代によって帝制を守ろうとした新首班マックス公の期待に反して皇帝が退位せず、見込みのない戦争が続くうちに、戦争を底辺で担ってきた兵士や労働者が戦争続行を拒否する革命に立ち上がった。十月末、艦隊の出撃計画に水兵が激しく抵抗してこれを阻止、十一月初頭、抗命罪による逮捕者の解放を求めてキール軍港の水兵が蜂起したのが狼煙となる。運動は他の軍港や都市にも広がり、陸軍兵士や労働者を巻き込んで各地で「労兵評議会」が結成され、それが革命を組織化する。ミュンヘンでは社会主義政府が成立してヴィッテルスバハ家の国王が退位し(八日)、続いてベルリンでも共和国宣言がなされて皇帝もついにオランダに亡命した(十日)。

「評議会(レーテ)」というのは、ロシアの「ソヴィエト」と同じで、兵士や労働者による自主的な職場管理組織である。ただレーニンがこれを権力基盤としてソヴィエト政府をつくり上げたロシアとは異なり、ドイツのレーテには社会主義革命への行動意欲は希薄だったように見える。マックスから政権を譲られた社会民主党のエーベルトは党員多数とともに革命否定の改革路線をとっており、同党系の自由労働組合も経営側と協定を結んで資本主義体制内の改革路線を明確にした。社会民主党とより急進的な独立社会民主党が一応対等に連合して人民委員政府がつくられるが、各地の評議会では改革派が優勢で、十二月中旬にベルリンで開かれた全国労兵評議会大会も自らレーテ体制の永続化を否定し、社会民主党の主張する憲法制定国民議会の選挙を行なうことを決定した。独立社会民主党は政府を脱退し、その最左翼(スパルタクス団)はドイツ共産党を結成してロシア型の社会主義革命を目指すが、一九年一月にベルリンで起こした反政府行動は「義勇軍」部隊により残虐に平定される。ここで義勇軍というのは正規の軍隊の機能停止状態の中で作られた志願者による軍隊組織で、これが各地で革命勢力鎮圧のために投入されたのである。

その間二月、国民議会は不穏なベルリンを避けてテューリンゲン地方の古都ワイマルで開かれ、エーベルトを大統領に選び、社会民主党、中央党、民主党の連合内閣を発足させた。そして憲法制定作業に入り、七月末までかかって新憲法を完成させるのだが、その前六月二十八日、ヴェルサイユ宮殿鏡の間で連合国との講和条約が調印されている。

ヴェルサイユ条約と戦争責任問題

ヴェルサイユ条約は、普仏戦争の結果ドイツ領となったエルザス・ロートリンゲン(アルザス・ロレーヌ)のフランスへの返還を含む領土問題、徴兵制の禁止や軍備の縮小などいろいろなことを決めているが、最も有名なのは、最後的に千三百二十億金マルクという「天文学的な」金額が定められた賠償問題であろう。もちろん敗者が賠償を課せられるのは戦争外交の常識であり(ドイツも自国の戦時国債は相手から取り立てる賠償で償還する予定であった)、あとは額面と他の条件次第ということになるが、ともかく金額が一般人の想像を絶したものであったことは間違いない。

しかしこの金額問題以上にドイツ側を驚愕・憤激させたのは、賠償の根拠として、この戦争の責任は専らドイツとその同盟国にあるという決定が盛り込まれたことであった(第二三一条)。戦争犯罪人の引き渡し条項もあった。これが前例のないことだった上、慣例に反してドイツは交渉のテーブルにはつけず、最後通告で受諾を迫られたりもしたから、結局受諾・調印したとはいえ、この問題は尾を引いた。そしてドイツの歴史学界も、いわば学界をあげて、あの戦争はドイツの防衛戦争であり、ドイツに一方的に責任があるのではないことを証明しようと努めたのである。そしてこの問題では西欧の歴史家たちもむしろドイツに同情的で、やがてドイツの単独責任を否定し、各国ともそれぞれに「戦争に引きずり込まれた」と見るのが国際的な学界の共通理解になったようなところがあった。

フィッシャー論争

ところが第二次大戦後、思わぬところから異論が出た。ドイツのハンブルク大学の歴史学教授フリッツ・フィッシャーが、新たな史料研究によって、バルカンの紛争を世界戦争に転換させたことではドイツに決定的な責任があること、またドイツの支配層は一貫して覇権主義的領土拡張政策を追求しており、これが大戦の真因だとする説を発表したのである（一九五九、六一年）。ドイツの学界は騒然となり、人身攻撃を含む激しい言葉が交わされた（一九六二年に留学した私はその一端を垣間見ている）。

私はその後の論争の推移を専門的にフォローしたわけではないが、私の理解によれば、ドイツに重大な戦争責任があったことについてはフィッシャー説が一般的に承認されることになったと言えるだろう。ただドイツの権益拡張政策については、それが事実であるとしても、それをドイツだけのこととして、ドイツの単独責任論に帰着させたり、いわゆる「ドイツの特有の道」（ドイツは西欧の「正常な」発展ではなく、「非正常の」「特有の」道を歩んだとする見方）に結びつけたりすることにはなお多くの異論があるように思う（私も疑念をもつ）。

ともあれドイツの学界に伝統的だった「防衛戦争」論（これは極論すればドイツ無罪論である）は否定された。しかし、だからといって私たちがヴェルサイユ条約の戦争責任論を当然とし、それに対する当時のドイツ人の反応を冷笑するようなことがあってはなるまい。ドイツ人の反発には確かに実情を知らないことに発する誤解に基づく反発や、敗戦の意味を深く考えない大国意識的不遜さもある。しかし第二三一条には「勝者による一方的判決」という別の次元の重い問題が孕まれている。ドイツが公正に扱われていないと感じた連合国側の政治家もいたはずである。そう見ないと、その後の諸国の動きも理解できない。

2　ワイマル共和国

ワイマル憲法

一九一九年七月に採択されたドイツ国憲法(通常「ワイマル憲法」と呼ばれる)は、ドイツ帝国時代と同じ連邦制の国制を定めているが、諸連邦国がみな君主のいない共和制になって「州」に格下げされたほか、州の権限も縮小されて、かなり中央集権的な連邦制になっている。議会は一応二院制だが、上院に当たる参議院(州代表議会)の権限は弱く、ほとんど国会(国民代表議会)の一院制に近いものになった。この国会は男女平等の普通選挙で選ばれ、しかも比例代表制をとったので、国民の意思が正確に議会に反映されるようになっていた。反面結果的にはいろいろな政党が乱立することにもなったのだが。国民の意思の重視は、条件つきだが国民の立法参加(「国民発案」)や国民投票による法律の採決(「国民表決」)など直接民主主義的な制度にも現れ、また国家元首の大統領も国民によって直接選ばれることになっていた。そしてこの大統領は内閣の任免権や国会解散権、非常事態における緊急立法権などの大権をもっていたから、結局この憲法は議会制(間接民主主義)を直接民主主義で補い、それに大統領制を組み合わせるという、かなり複雑な民主制憲法になった。

憲法は他に、国民の生存権・社会権(人間らしい社会生活を送る権利)を認め、青少年や母性の保護を国家の任務とするなど、現代の国家のあり方にもつながる「社会国家」理念を打ち出している。その運用面ではいろいろ問題もあったが、ともあれ「国民」を重視するという意味で当時世界で最も民主的な憲法と評されたのは理由のないことではない。

政治社会の現実

しかし、民主的な憲法なら国民に歓迎されると思ったら、それは違う。この憲法は、旧左派自由主義の流れを引く民主党の内相プロイスが起草し、いわば理論的に最善の制度を目指してつくられたものなのだが、人びとの意識はそれとは大分違ったところにあった。

人びとは、つきつめればドイツ帝国に慣れ親しんでいたのだ。権威主義的ではあるがドイツを大国たらしめた官僚政府のもとで、ドイツの発展がもたらした豊かさのパイにそれなりに与かって暮らしてきた。そのドイツ帝国は崩壊し、皇帝はいなくなったけれども、国家・社会の枠組みは、実は特別に変わってはいなかった。資本主義の社会構造は基本的に変わっていない。官僚機構も、中央から州、そして市町村段階まで全く変わっていない。政党関係も、保守系の党が党名を変えたほかは、支持者層を含めて差し当たり大きな変化はなかった。人びとの意識も変わりようがないところがあった。そこで突然、政治のやり方が国民の選挙と、政党が運営主体となる議会政治に変わったのである。端的に言って、国民も諸政党も議会政治には慣れていなかった。政治的に成熟していなかった。

しかし議会制民主主義というのは、どこの国でも、それが国民の中に本当に定着するためには時間がかかるものである。フランスでも一回の革命で定着したわけではない。歴史の経験からすれば少なくとも半世紀はかかる、というのが私の観察である。ドイツ国民はこの過程が英仏より遅れ、まだ成熟してはいなかったが、その過程にはあった。そういうことではないだろうか。社会構造が変わらなかったというのは、急速な意識変革にはマイナス要因だが、逆に見れば社会の安定要因でもある。もしドイツに時間が与えられれば、この新しい政治体制も国民の中に定着していったかもしれない。人びとの暮らしが安定した状態で時間が与えられたら、である。その条件がワイマル・ドイツにはなかった。

戦後の混乱

大きな構想で歴史を叙するイギリスのマルクス主義の歴史家ホブズボームは、その近著『二十世紀の歴史』(河合秀和訳、三省堂)に「極端な時代」という副題を与えた。この副題は、凝縮した形でワイマル・ドイツに当てはまるであろう。戦後の混乱もそうであった。ワイマル憲法下の共和国は、社会民主党、中央党、民主党の「ワイマル連合」が政府を形成して船出するが、これはいきなり左右両極からの攻撃にさらされる。

一九年一月ベルリンの革命派の反乱は義勇軍の投入で鎮圧されたが、ドイツ革命が社会主義から離れてゆくことにあきたらない労働者は、社会化を求めてストライキを起こし、ルール地方やザクセンなど工業の中心地はストの波に洗われる。ミュンヘンでは独立社会民主党のアイスナーの率いる社会主義政権ができたが、アイスナーが右翼に暗殺されると、動きはさらに左に揺れて共産党政権が樹立される。しかしこれはベルリンの政府が派遣した軍隊によって市街戦の末打倒される。そしてその後バイエルンと首都ミュンヘンは、反動的右翼政府の下、一転して右翼過激派の運動の巣窟となるのだが、その右翼運動の一翼にこの時ヒトラーという人物が登場してくるのである。ヒトラーは一八八九年にオーストリアに生まれ、画家を志して挫折、ウィーンの放浪生活を経て(この時代に狂信的反ユダヤ主義者、また反ユダヤ主義的ドイツ民族主義者になった)、大戦の前年ミュンヘンに移り住み、バイエルン軍の一員として大戦に参加、戦後軍の思想統制の仕事に従事、その関係から右翼運動と接触し始めた男である。

さて二〇年に入ると講和条約が発効して軍隊の縮小が行われたが、これを不満とする軍指導者の一部がカップという極右政治家と組んで三月にクーデタを起こす。そして軍をベルリンに進めて政府を追い出したのである。この時はワイマル連合政府の指令に労働者も従い、カップ「政権」にゼネストで対抗してこれを倒壊させる。しかし政治はおよそ安定しない。二一年五月には賠償総額が千三百二十億金マルクと決定され、政府は支払い不能として辞職する。後を受けた中央党の首相ヴィルトは「履行政策」をとって賠償支払いに応じつつ条約の修正をはかろうとするが、連合国が応じないばかりか、国内でも反対派の攻撃にさらされ、この年八月には元蔵相エルツベルガーが、二一年六月には外相ラーテナウが右翼によって暗殺される。他方カップ打倒で自信を取り戻した労働者は社会化立法を要求してストライキを多発させるようになり、二二年は共和国期で最も多いストライキ(および雇用者側のロックアウト)を記録したのだった。しかし翌二三年はそれを遥かに越える危機の年となる。

一九二三年の危機

フランスは、ドイツの賠償支払いの一部不履行を理由に、二三年一月、ベルギーとともにドイツ経済の心臓部ルール地方を占領、工場や物資を接収して賠償の担保取り立てに踏み切った。それに対しドイツ政府は「消極的抵抗」を発令して全官公吏にフランス軍への服従を禁止した。不服従運動は企業の労使にも支持されて整然と行なわれたが、ドイツは石炭の産地でもあるルールを失った上、この窮状でなお公務員や労働者の生活も支えなければならなかったから、結局通貨が増発され、戦時国債発行により戦争中から徐々に進行していたインフレーションが一気に、史上前例のない勢いで暴発することになる。

マルクの価値が戦前の一兆分の一になってしまうというこの「天文学的な」インフレについては、それが「レンテンマルク」という特殊暫定通貨の発行によって奇蹟的に収束されたこととともによく知られている。このインフレが給与生活者や年金生活者を直撃したこともよく知られている。あまり知られていないのはインフレ利得者のことで、こういう時代には「もの」をもっている者は強かったから、うまく立ち回って巨大な利益をあげた利得者、ないし利得企業も少なくない。政府はインフレのおかげで国の借金を大幅に減らすことができた。しかし、ともかくこのインフレが、反政府、反共和国勢力を勢いづかせることになったのは当然である。

レンテンマルクの発効は二三年十一月十五日だが、その前十月にはザクセンとテューリンゲンで共産党参加の左翼政権ができ、これをモスクワのコミンテルン（共産主義インターナショナル。ソ連共産党による各国共産党の革命運動指導組織）がドイツにおける革命の突破口にしようとしたことから、中央政府が介入して左翼政権を倒壊させるという事態が生じている。そして十一月にはミュンヘンの「ヒトラー一揆」。これは複雑な背景をもった事件で、簡単には説明し難いのだが、それをあえて簡単に言えば、この間「国民社会主義ドイツ労働者党」（NSDAP＝ナチス）という右翼政党の党首となってミュンヘンで勢力を伸ばしていたヒトラーが、元参謀次長のルーデンドルフやバイエルンの右翼政治家を巻き込んで「国民革命」クーデタを起こそうとし、しかし仲間に寝返られて失敗したという事件である。ヒトラーは捕らえられて禁固刑に処せられるが、これにはベルリンに対するバイエルンの分離主義も絡んでおり、全ドイツを震撼させた事件である。

「相対的安定期」

二三年の危機を何とか乗り切った後、賠償問題の見直しもようやく始まり、二四年には賠償の額面は変えないまま支払い条件を改善した「ドーズ案」が成立、アメリカから資本が流入してドイツ経済もようやく回復基調を帯びてくる。またルールの

「消極的抵抗」を収拾した首相シュトレーゼマンが、その後外相となって努力した結果、二五年にはロカルノ条約が結ばれ、西部国境の不可侵を前提にフランスやベルギーとの関係も改善されて、ドイツは二六年には国際連盟への加盟も認められた。

ヴェルサイユ条約はとかく「失敗」の視点から見られ、実際かなり問題含みの条約であったことは間違いないが、最近では国際連盟など、従来の大国間の帝国主義的国際関係を超える新しい国際秩序理念を提示したことが積極的に評価されるようになってきている。シュトレーゼマンの外交は、いわば外交的な「履行政策」で、ヴェルサイユ条約の国際協調主義に添いながら条約の修正とドイツの地位の向上をはかったと言えるだろう。二九年には賠償支払いの「ヤング案」が調印され、彼の努力は実ったかに見えた。

二四／二五年から二九／三〇年の世界大恐慌までの五年ほどの間を「相対的安定期」という。その前後の時期と比べれば確かに「相対的に」安定しているように見える。しかし内実は違う。二三年にシュトレーゼマンが首相の座を下りて以来、もはや安定した多数派内閣はできなくなり、次々代わる内閣は軒並み少数派の綱渡り内閣である。二五年エーベルトの急死の後、元参謀総長のヒンデンブルクが大統領に選ばれるという政治の右傾化の中、諸政党は個別利益を超えた「国民政党」になる代わりに、まさしく個別利益政党に向かう傾向を強く示した。そして右翼・左翼の諸政党がそれぞれ疑似軍事組織をもって力を顕示しあうようになった。「安定」

の見かけの裏で、議会政治の空洞化が進んでいた。

しかも経済が回復に向かったといっても、ドイツの経済が戦前の工業生産水準に達するのはようやく一九二八／二九年であって、反面戦前からの続きで労働力人口は増えていたから（一九二五年に十五〜六十五歳の人口が全人口の六九パーセント）、「安定期」においても労働人口のおおむね五〜六パーセントは失業状態にあった（二六年は一〇パーセント）。この時代は社会文化史的には「黄金の二十年代」などとも呼ばれ、かつてはアウトサイダーだった前衛（アヴァンギャルド）たちが自由に羽を伸ばして活動し、そしてラジオや映画といった不特定多数を対象とするメディアを軸に、現代的都市型大衆文化が一気に広まった「ワイマル文化」の時代でもあるのだが、この時代の若者はみな恒常的就職難に直面させられていた。不満は鬱積する。そこに世界大恐慌が来たのである。

大恐慌とナチスの躍進

恐慌そのものの話はここでは一切割愛せざるを得ない。工業生産は一気に落ち、反対に労働人口の失業率は二九年八・五%、三〇年一四%、三一年二一・九%、三二年二九・九%とすさまじい勢いで上がってゆく。文字通りの非常事態である。

この非常事態に議会はもはや正常に機能せず、三〇年のブリューニング内閣から、三二年のパーペン内閣、そして同年末のシュライヒャー内閣と、もはや議会によらず、大統領の非常大権によって政治を行なう非議会主義的「大統領内閣」が続く。その間皮肉なことに議会を足場に勢力を伸ばしたのがヒトラーのナチスである。一揆に失敗して短期間監獄生活を送ったヒトラーは、この間獄中で自伝的スタイルの世界観告知書『わが闘争』を書いたのだが、出所後党の路線を選挙による勢力拡大という方向に転換する。そしてこの路線転換が成功し、恐慌時に入ってからは既成政党に失望した有権者の票を集めて大躍進、自治体や州レヴェルで地固めをして、三二年秋までにほとんどの州で第一党の地位を獲得する。

ナチスの武装組織SAは、武闘においてもちろん他党の組織にひけをとらなかった。国会では一九二八年の選挙で一二議席をはじめて得たが、一九三〇年九月選挙で一挙に一〇七議席を得て第二党、三二年七月選挙では議席を二三〇と倍増させて第一党となる。同年一一月選挙で百九十六議席に減らしているが、いずれにせよ、もはや誰も無視することは許されない大勢力になっていた。この間ナチス以外で議席を増大させたのは極左の共産党だけであり、他は軒並み議席を減らしている。もともと積極的な支持者がいなかったことから「共和主義者のいない共和国」と言われたワイマル共和国は、もう国民から見放されてしまったような状態になった。

大統領のヒンデンブルクがヒトラーを見下していたことはよく知られている。政界の人間で、どこの馬の骨とも知れぬ成り上がりもののヒトラーに好感をもった人はそう多くはなかったはずである。しかし彼の力を利用しようとする人はいた。そして議会政治が行き詰まったあげくの大統領内閣がまた行き詰まったという状況、ヒトラーの現実の勢力、彼を利用しようとする人びとの思惑、そういったものが合わさって、一九三三年一月三十日のヒトラーの首相任命となった。私は状況をそんな風に理解している。

ヒトラーの権力掌握

ヒトラー内閣はまずは保守派との連立内閣で、副首相としてヒンデンブルクにヒトラーを斡旋したパーペン、経済相・農相として国家人民党(保守党)党首フーゲンベルクなどが入り、また専門家閣僚も多い。その多くはおそらくは内心ヒトラーを見下していた。しかし首相になることはヒトラーにとって到達点ではなく、最初の一歩に過ぎなかった。彼は二月に総選挙を強行し、党の武闘組織のみならず公権力をも使って野党の選挙活動を封じ込め、選挙運動中に国会放火事件が起こると大統領緊急令で憲法の基本的人権条項を停止、放火の元凶と断定した共産党をはじめ反対派を大量に逮捕した。そして新議会に「民族と国家の艱難を除去するため」の「全権委任法」を提出、反対を力で封じてこれを成立させる。ワイマルの議会制民主主義はここに終焉したのである。

3　ワイマルは短命だったのか

ワイマルの試行錯誤

私が歴史のとらえ方において最も多くを学んだのは林健太郎先生であるが、近代史から現代史に移って行かれた林先生に『ワイマル共和国』という著書がある

(いまは『両大戦間の世界』とともに『林健太郎著作集』山川出版社、第四巻、所収)。小著ながら政治の動向を政治家の心の機微にも触れて描いた好著だが、その中で私の心に残る箇所にこういう一節がある。一九二八年に久しぶりに議会主義的に形成された社会民主党のミュラー内閣が、恐慌の始まった一九二九年、財政難から失業保険料の労使双方の醵金額の値上げに踏み切らざるを得なくなり、種々の経緯があって最初は反対した経営側も折れ、ミュラーはじめ社会民主党の閣僚は一人を除いてその施行を主張した。しかしこの一人の強硬な反対のため問題の決定は同党の議員総会にかけられ、総会では労働組合出身議員の声高な反対が会場を制し、結局社会民主党は反対を党議とし、首相ミュラーもこの決定に従って、とどのつまりワイマル共和国最後の民主的内閣を投げ出してしまったというのである。

林先生はこれを、社会民主党が議会制の担い手として成熟していなかったことの典型的な例とされ、ミュラーにも政治家としての本当の指導力が欠けていたとされている。その通りであろう。これがワイマルの議会制を葬る決定的な一歩になったのだから、なおさらのことである。ただ私はこの下りを読んだとき、ドイツ人というのは、本当に不器用な人たちだなと思った。そしてこの不器用な人たちの試行錯誤に、もう少し時間をあげたかったと思った。痛切にそう思ったのである。短命の共和国がもう少し生き延びていたら……。しかしワイマル共和国は果たして短命だったのだろうか。

ベルリン自由大学にヘニング・ケーラーという現代史の教授がいる。私はこの大学で一時期客員講師として日本近代史を教えていて、その時知り合ったのだが、同氏の小著『ワイマル共和国史』(一九八一)をもらって読んで新鮮なショックを受けたことがある。われわれはワイマルの没落の原因や責任を詮索するよりも、むしろこの共和国がどうしてあれほど長く持ちこたえたかを問うべきではないか、というのである。

ワイマルは短命だったのか

国会における民主的多数はすでに一九二〇年から失われてしまっており、一九二三年の危機は、共和国がこの時点で崩壊したとしても決しておかしくないほどに深刻なものであった。そしてとどのつまり一九三〇年からの前代未聞の経済的困難をともなった大きな危機は、もともとその正統性を疑われ構造的にも問題をかかえた共和国にとって、もはや持ちこたえられない加重となってのしかかったのだ。だから共和国の崩壊はもはや避けようがなく、われわれはむしろ、共和国がどうしてそこまで持ったのか、その理由をこそ問うべきではないか……。こういう問題設定は私にはとても新鮮であった。

官僚制の功罪

ところで「長続き」したことの国内的要因として、ケーラー氏は法治国家としての実質が――民主的伝統ではなく――ドイツに比較的強固に根づいていたことを指摘している。SAなど暴力組織ののさばり方から見て、この法治国家説は直ちには首肯し難いが、これとある程度重なることとして、私は官僚の果たした役割がかなり大きかったのではないかと考えている。ワイマル政府は革命時から、国の難局を乗り切るために専門的官僚の助力を必要とし、前述のように、上から下まで官僚制には全く手をつけなかった。そして実際、あの非常事態の連続の中で国民生活がともかくも営まれ続けたとしたら、そこにおいて官僚が果たした役割は決して小さくはなかったはずである。

もちろん官僚制はプラスの面だけをもつのではない。林先生は上記の著書で、官僚が新政府のもとで整然となすべきことをしたこと、しかしこの官僚とともに、特に司法官の中にきわめて保守的な分子が温存されたこと、従って社会民主党政府が官僚制度を破壊しなかったことは当然としても、排除すべき分子は排除すべきであったこと、これをせず官僚制の改革を怠ったことが共和国にとって致命的な失敗であったことを指摘しておられる。的を射た指摘である(反対にヒトラーは権力掌握後直ちに内務省・警察関係を署長クラスまでナチスで固めたのだった。さすがと言うべきであろうか)。この官僚たちはナチスの時代には、ナチ政府の下でまた整然と仕事をすることになる。単にドイツ史の研究としてではなく、およそ官僚制というものの性質を究明するために、この時代のドイツの官僚制についてさらに研究が進められて然るべきであるように思われる。

第 9 講
ナチス・ドイツと第二次世界大戦

1939 年 9 月 1 日，国会でポーランドへの
侵攻を告げるヒトラー

関係年表

1933	1. ヒトラー首相就任．3. 全権委任法／ダハウに最初の強制収容所
1934	6.「レーム事件」8. ヒンデンブルク没．ヒトラー「総統」全権掌握
1935	3. 徴兵制施行宣言．6. イギリスとの海軍協定
1936	3. ラインラント進駐．8. ベルリン・オリンピック
1938	3. オーストリア「合邦」．9. ミュンヘン会談
1939	3. チェコ占領・保護領化．8. 独ソ不可侵条約．9. ドイツ軍ポーランド侵攻．第二次世界大戦始まる
1940	4. ドイツ軍，デンマーク・ノルウェー制圧．5. ベルギー・オランダに侵入．6. パリ入城．9. 日独伊三国同盟
1941	6. ドイツ，ソ連に宣戦・侵攻．12. ドイツ軍，モスクワの前で進撃を阻まれる／ドイツ，アメリカ合衆国に宣戦
1942	6. ドイツ軍，東部戦線で大攻勢．9. スターリングラード攻防戦
1943	1. ドイツ第六軍，スターリングラードで降伏．5. 北アフリカで敗退
1944	3. ドイツ軍，ウクライナから撤退．6. 連合軍ノルマンディー上陸．7.「7 月 20 日事件」8. 連合軍パリ入城
1945	3. 米軍ライン川を渡る．4. ソ連軍ベルリン突入／ヒトラー自殺．5. ドイツ，無条件降伏

1　ナチス・ドイツの「国民革命」

均制化(グライヒシャルトゥング)

「均制化する(グライヒシャルテン)」というのは、もともと電気工学の用語で、電気の流れを一律に「整流する」といった意味の言葉だそうだが、ドイツ史においてそれは、ナチスがドイツの政治制度や国民の政治生活を強制的に、かつ徹底的にナチ的基準に合わせて均一化したことを指している。ヒトラーは三三年二月一日の「国民への呼びかけ」で、「わが民族の精神的、意志的な一致」を再建する「国民革命」を呼号したが、それはさしあたり国民生活の均制化という形で進行する。

三月の全権委任法によって議会が機能を停止させられたあと、政党が排除される。共産党の弾圧に続いて社会民主党が活動を禁止され、他党はナチスに吸収されるか自ら解散するかに追い込まれる。そして七月の「新党設立禁止法」で、ナチ党(国民社会主義ドイツ労働者党)以外の政党はあり得なくなる。ドイツはナチ党の一党国家になった。

三月から四月にかけて出された「諸州と国家の均制化のための」二つの法律、そして三四年一月の「国家新編成法」により、州は政治的自立性を奪われ、全体国家の単なる下部機構に変えられてしまう。ドイツは史上はじめて中央集権的国家となった。

国民生活そのものの均制化も進む。労働組合は解散させられ、経営者・サラリーマンもろとも統一的「ドイツ労働戦線」に再編成された。全就業者の九割をも組織するに至った労働戦線は、ナチ・イデオロギーの強力な教育組織であるとともに、生活組織でもあって、勤労者の多彩なレジャー組織として注目すべき成功を収めた「喜びを力に(歓喜力行団)」に代表されるように、人々の生活の隅々にまで入り込んでナチ化作用を及ぼした。普通は組合組織になじまない公務員や知的職業の人びと(「教養市民」)も、ナチ的に組織されてゆく。ドイツ公務員組合、ナチ医師会、ナチ弁護士会、ナチ教職員組合、ナチ大学教員組合等々。大学生のナチ学生同盟はむしろ「国民革命」の先兵となった。青少年はもちろん「ヒトラー・ユーゲント」である。

この「国民革命」によるナチ的「民族共同体」形成から排除されたのがユダヤ人である。すでに日常的にテロ行為にさらされていたユダヤ人は、三五年九月の「ニュルンベルク法」によって公民権を剝奪され、またドイツ人との婚姻はおろか性交渉そのものを禁じられる。ドイツ人の「血」を守るためである。その後も三八年十一月の「水晶の夜」(党の指令で集団的に襲撃され破砕されたユダヤ人商店のガラスが散乱した様をいう)を象徴的頂点とする迫害により、多くのユダヤ人が亡命を余儀なくされたのだった。約五十万人いたドイツのユダヤ人のうち、第二次大戦勃発前に三十六万人が亡命している。

しかしこうして均制化が進められる一方、ナチ党そのものは当初必ずしも一枚岩でないところがあった。党が創立時に定めた「二十五箇条の綱領」は、「国民社会主義ドイツ労働者党」という党名と同様、ドイツ民族主義とある種の社会主義、そして反ユダヤ主義を無理に一緒にしたようなところがあり、民族自決による「大ドイツ」の実現や国民の扶養のための領土要求、またユダヤ人の排除といった政治的要求から、不労所得や「金利奴隷制」の否定、養老制度の拡充、百貨店の公営化といった「社会主義的」要求まで、かなり雑多な要求を脈絡なく並べ立てていた。ヒトラー自身は自分の中で「社会主義」の部分を早々と切り捨ててしまったが、党員の中にはその部分にこだわるものもいた。

指導者国家

他方、党の組織はもっぱら「指導者原理」により、党最高指導者(「総統」)たるヒトラー個人の命令に他が従うという形をとって発展してきた。しかし党は実際にはさまざまなグループを内包していたし、また党の武闘組織「突撃隊(SA)」は、党活動が全国的に広がるにつれて正規の国防軍とも張り合うような一大軍事組織になり、党内で半ば自立する観すら呈するようになった。しかもその指導者レームは党内の「社会変革」路線を代表してもいたから、国防軍との関係を正常化しようとしたヒトラーは、結局この古参の僚友を「反逆罪」で粛清することになる。それが一九三四年六月三十日の「レーム事件」で、ヒトラーは自ら「親衛隊(SS)」を指揮してレーム他突撃隊の指導者たち、さらには前首相シュライヒャー将軍など政敵をも捕らえ、九十人もの人間を射殺させたのである。

以後ナチ党は指導者ヒトラーの下に完全に一元化される。そして指導者原理は単にナチ党内に止まらず、経済界の企業内経営指導から、国家指導や州・自治体の官僚制にまで浸透してゆく。その仕上げが「総統（フューラー＝指導者）」の地位である。元来ナチ党指導者の称号だが、首相就任以来「総統兼首相」と称したヒトラーは、一九三四年八月に大統領ヒンデンブルクが死去すると、その称号のまま大統領の職務を合わせることになり、さらに軍に対する最高司令権、そして「最高裁判高権」をも手中にする。全権委任法以来立法権はすでにヒトラーのものだったから、彼は要するに立法・行政・司法の三権に軍司令権も宰領して、文字通りの独裁者になったのである。一九三九年以後彼はただ「総統」とだけ名乗った。宣伝相ゲッベルスや経済相シャハトなど大臣はいたが、閣議はほとんど開かれず、三九年以後は一度も開かれていない。ここに「指導者国家」が完成する。

この独裁国家はもちろん国民の抵抗を封じこめる暴力装置をもっている。三三年三月には早くもミュンヘンの近くのダハウに最初の強制収容所が設置された。四月には「秘密国家警察」、いわゆる「ゲシュタポ」が設立されている。そしてこの両者を自由に使って暴力支配を執行したのが、「親衛隊（SS）」隊長とドイツ警察長官を兼ねたヒムラーである。

しかしこのような圧政的政権がドイツに根を下ろしたのは、暴力装置だけによるものではない。ナチスは国民生活をうるおすような「業績」をあげた。それもまた否定し得ない事実である。経済の活性化と失業の解消がそれである。

経済と国民生活の活性化

景気がちょうど底をつき、まさに上向きになり始めたときに政権を握ったという幸運なめぐり合わせもあった（景気の底はドイツでもアメリカでも一九三二から三三年の変わり目）。しかしナチスの雇用創出政策が図に当たったことは間違いない。三三年から始まったアウトバーンの建設は、大規模公共事業による雇用創出の古典的な成功例になった。三五年の徴兵制の導入以後の軍備拡張政策も、もちろん景気の強烈な刺激剤になっている。青少年を労働キャンプに集めて低廉な日当で働かせた「労働奉仕」も、兵役と同様、統計上失業者を減らす効果をもっていた。「女性は家庭に」のイデオロギーがらみで仕事場を離れさせられた女性も同じである。しかしそれを考慮してもなお、一九三二年にほとんど三〇％に達し、三三年に二五％だった失業率が、三五年に一〇％、三八年に一・九％になったというのは、やはり驚くに値する。実際、外国もみな驚嘆したのである。

ドイツの工業生産指数は一九二九年を一〇〇として、三三年は六六に落ち込んでいたが、以後三四年八三、三五年九六、三六年一〇七と順調に回復し、三七年一一七、三八年には一二五になっている。

ドイツの経済成長の利得の最も大きな部分は国家の手に帰し、ドイツの軍拡はこれによって支えられた。しかし国民の方も、ともあれパイの配分には与かっている。労働者の実質賃金は三六年を基準年として、その前三三年が八七・七、三六年が一〇〇で、二年後の三八年は一〇七・五である。加えて余暇組織「喜びを力に」を通じて、ドイツの労働者は割引切符による演劇・オペラ鑑賞から週末旅行、観光地での避暑滞在、はては専用客船による外国へのクルージングまで楽しむことができたのだった。ちょっと前までは考えられもしなかったことである。低所得者や母子家庭のための福祉事業も欠けてはいなかった。ナチ的「民族共同体」の中に「新時代の民主主義」を感じ取ったものがいたとしても不思議ではない。

ヴェルサイユ条約の「修正」

そして、ほとんど目も眩むような外交政策上の成功がある。これはヒトラー個人の判断と決断が大きな意味をもった分野なのだが、当初はヴェルサイユ条約の「修正」路線を進んでいる。これは大筋ではドイツの外交がこれまでも目指してきたものであり、特段の意外性はない。違いは今までできなかったことをヒトラーがやったこと、そしてこのことで外国に干渉の暇を与えなかったことである。

一九三三年十月、ドイツはジュネーヴ軍縮会議を脱退するとともに国際連盟を脱退。諸外国は驚愕し、ドイツは当面外交的に孤立するが、それ以上の制裁はなかった。

三五年三月、徴兵制施行宣言。諸外国は非難声明以上の行動にはでなかった。その上イギリスは六月にドイツと海軍協定を結び、英独海軍力の比率を定めることでドイツ海軍の増強を認めたのである。

三六年三月、国防軍のラインラント進駐。ライン川左岸のラインラントはヴェルサイユ条約で非武装地帯とされていたが、フランスとの戦争も賭けられたこの賭けは当たり、フランスは軍を動員したもののそれ以上の行動には出なかった。そして八月、ベルリン・オリンピックが開催され、ドイツはまたとない形で全世界に国威を顕示したのだった。

三八年三月、オーストリアの「合邦」。オーストリアでは保守派の首相シュシュニックが、ムッソリーニ独裁下のイタリアに近いファシズム体制をめざし、議会制を否定しつつナチスをも排除するという独特の路線でヒトラーに抵抗したが、その抵抗をねじ伏せての合邦であった。しかしこれを否定するより歓迎するオーストリア人の方がはるかに多かったはずである(四月の国民投票では九九・九パーセントが賛成)。ヒトラーは『わが闘争』の冒頭で独墺合邦という自分の歴史的使命について印象的に語っているが、その「使命」はここに果たされ、「大ドイツ帝国」が実現したのである。

ミュンヘン会談から第二次世界大戦へ

独墺合邦は、「民族自決」というヴェルサイユ条約の基本理念を逆手にとってドイツ民族の自決を実行したものであったから、これについてはもはや外国からの抗議の声もなかった。もしヒトラーがここで止まっていれば、とは誰しも思うことであろう。しかし、そのような「良識」はヒトラーには通用しない。息つぐ暇もなく、ヒトラーは今度はチェコを標的として行動を起こす。

チェコスロヴァキアとドイツは、ズデーテン地方(ドイツ人多数が居住するチェコ外縁、ドイツとの国境地帯)のドイツ人の処遇をめぐり、すでに険悪な状況にあったが、三八年秋にはヒトラーの威嚇で一気に戦争の危機が迫った。そこで外国が介入、というより「調停」に動いたのである。九月末、英・仏・独・伊四カ国首脳によるミュンヘン会談が行われ、チェコは会談から排除されたまま、ズデーテン地方のドイツへの割譲が決定されたのだった。ドイツの「民族自決」要求を認めてドイツを宥めようという、この「宥和外交」を主導したイギリス首相チェンバレンは、帰国後ヨーロッパの平和を守ったとして、イギリス国民から大歓迎を受けたという。

もしヒトラーがここで止まっていたら、とは誰しも思うことであろう。しかしヒトラーはこれでもまだ止まらない。三九年三月、ミュンヘン協定を踏み越えてチェコスロヴァキアに侵攻、チェコをドイツの「保護領」にしてしまう(スロヴァキアは「独立」してドイツの保護国となる)。そしてさらにポーランドに対し、ヴェルサイユ条約で割譲した「ポーランド回廊」(ドイツ「本土」と東プロイセン地方の間に挟まる回廊地帯)を要求したのである。

ここに至って西欧諸国はさすがに態度を変え、ポーランドへの支援を約束した。するとヒトラーは八月、ソ連との共同行動を模索する英仏を出し抜いて電撃的にソ連との間で「独ソ不可侵条約」を締結、世界を驚倒させたのだった。ポーランド分割や北・東欧の勢力圏を画定した秘密協定を含むこの条約締結の直後、一九三九年九月一日、ドイツはポーランドに侵攻、三日、英仏はドイツに宣戦した。こうして第二次世界大戦が始まった。

ヒトラーはなぜこのように突き進んだのか。それは彼の「世界観」を知ってはじめて理解できることである。

2　ヒトラーの世界観と第二次世界大戦

ヒトラーの世界観

『わが闘争』などの著述や数多くの演説・談話などの言説を詳細に分析して『ヒトラーの世界観』(滝田毅訳、南窓社)という良書を著したエーバーハルト・イェッケルによれば、ヒトラーは精緻な理論家などではないが、それでも彼の行動の基底にある「世界観」は、くっきりとした輪郭をもって捉えられるという。

その一つの柱は、歴史は究極的には世界の支配権をめぐっての人種ないし民族(この二つの概念を彼は厳密に区別していない)間の闘争であるという「人種闘争史観」である。ところで人間の生存空間は限られているから、この闘争は当面「生存圏」をめぐる民族間の闘争となる。ドイツの「生存圏」は第一に「ロシアとその周辺国家」に求められる。

この人種間闘争とは別に、諸民族とユダヤ人の生死をかけた闘争がある。ユダヤ人は自らは国家を建設せず、他民族に寄生してこれを侵す「結核」「ペスト」だからである。これはヒトラーがウィーン時代以来信じ込んで動くことのなかった狂信的信念であった。

ところで、人種闘争史観は特別に新しくはないし、優秀な人種が劣等人種を排除して支配人種になるという「社会ダーウィニズム」もヒトラーの発明ではない。ドイツ民族の「生存圏」を東方に求める発想も、第一次大戦以来ドイツに広まった「中欧思想」を引き継いだようなところがある。反ユダヤ主義は、いうまでもなくキリスト教の歴史とともに古い。だから、その一つひとつには特別の新味はなく、なお世界(とりあえずはヨーロッパ)の支配権をめざす闘争と、ユダヤ人に対する闘争は相互に矛盾しさえするのだが(セバスティアン・ハフナーは、好個の入門書『ヒトラーとは何か』(赤羽龍夫訳、草思社)でユダヤ人はドイツにきわめて親和的で国の発展に貢献したのだから、ヒトラーの反ユダヤ主義は本来の味方を不必要にも巨大な敵に変えてしまったと指摘している)、ヒトラーは、その各闘争を極端に過激化させた上、ロシア・ボルシェヴィズム(ロシア共産党の支配体制)をユダヤ主義の化身と捉えることによって、この二つの別種の闘争を、ロシア征服という一つの戦争に集約したのである。

ヒトラーの思想にも「発展」はある。最初はヴェルサイユ条約の修正だった政治目標が東方「生存圏」の獲得に飛躍したのがその一つである。もう一つは、反ユダヤ主義が、ありきたりの人種的反ユダヤ主義(反セム主義)から、「ユダヤ的国際主義」に対する闘争に「高められた」ことである。社会主義であれ平和主義であれ、国際的なものはユダヤ的なものとされる。その最たるものがユダヤ＝ボルシェヴィズムである。そしてその打倒が即ドイツのための「生存圏」獲得につながる。雑多な反動的「思想」が、一つの巨大な破壊力を秘めた「世界観」に結晶する。

そしてヒトラーのヒトラーたる所以は、彼が計画立案者であったに止まらず、それを断固実行する政治家であったことである。ソ連は何としても征服しなければならない。しかしその前にまずポーランド、そしてフランスである。個々の手順まで細かく決まっていたわけではないようだし、ヒトラーの決断が状況によってぶれたことはある。しかしユダヤ＝ボルシェヴィズム打倒と東方「生存圏」獲得のための「十字軍」を起こすこと、この最終目標だけは開戦前にヒトラーの中ですでに不動の目標として確立していた。ヒトラーはそれを実行したのである。

西ヨーロッパの制圧

ヒトラーは、ポーランドに侵攻しても英仏は手を出さないだろうとたかをくくっていたらしい。だから両国の対独宣戦は予想外のことだったのだが、英仏ともに戦争の準備はできていなかったから、ドイツ軍は九月末にはワルシャワを占領する。東からはソ連軍が侵攻して、ポーランドは独ソ両国で分割された。

ヒトラーは反転、直ちに西側に攻め込もうとしたが、軍指導部がその無謀さに抵抗し、実際に攻勢をかけたのは冬を越しての四〇年五月十日である。三軍に分かれ、うち一軍がオランダ・ベルギーを突破してフランスに侵攻したドイツ軍は、第一次大戦の時とは異なり、今度は破竹の勢いでフランスの抵抗を突破し、六月一四日には早くもパリ入城。六月二十二日、ドイツとの和平派ペタン元帥を首班とするフランス政府との間で休戦条約が結ばれる。フランスは北半分がドイツの占領下にはいり、南半分は中部フランスの保養地ヴィシーを本拠とするペタン政権が委ねられてドイツとの協力体制をとった。

なおフランス侵攻に先立ち、ドイツ軍は四月に北欧デンマークとノルウェーに侵攻してこれを制圧している。六月はじめにイギリス軍は大陸を撤退、同月十日、この形勢を見てイタリアがドイツ側について参戦、九月二十七日には日独伊三国同盟が調印されている。ドイツはイギリスを除き、事実上西ヨーロッパを完全に制圧したのである。ここでその気になればドイツを中心とするヨーロッパ「新秩序」の建設も可能だったかもしれない(フランスにもそれに協力する用意のある勢力はいた)。しかしヒトラーは十二月には早くもソ連侵攻作戦の準備命令を発している。イギリスは大陸におらず、アメリカはまだ介入してこない。ヒトラーは急いでいた。危惧する声はあったが、抵抗はできなかった。

ソ連征服の失敗

一九四一年六月二十二日、ドイツは不可侵条約を破り、同盟軍も含め三百六十万の兵をもってソ連を奇襲した。ソ連は不意をつかれて総崩れになり、十月はじめにはすでにモスクワへの総攻撃が始まった。しかしヒトラーはソ連を見くびり過ぎていたようである。短期戦で決着をつけるつもりのドイツ軍は冬の装備さえしていなかった。一八一二年のナポレオンの大失策の先例があるにもかかわらず、ヒトラーはナポレオンの二の舞を演ずる。モスクワを目の前にしてロシアの冬が始まる。短期戦は挫折した。

ヒトラーの全戦略はソ連を短期で征服することにかけられていたから、これはほとんど戦争全体の失敗を意味する。事実この時、作戦指導部は敗北を認め、軍需の責任者は戦争の政治的終結をヒトラーに進言したという。

対米宣戦の謎

しかしヒトラーは戦争を止めない。止めないばかりか、日本の真珠湾攻撃(十二月八日)に合わせるように、十二月十一日アメリカに対して宣戦を布告したのだった。三国同盟があったにせよ、それは日本に合わせてドイツが参戦することを義務づけるものではない。ソ連制圧の失敗の窮地に追いこまれたこの状況で、アメリカに対独参戦の機会をドイツ側からわざわざ提供したこの対米宣戦について、これを合理的に説明するのはかなり困難である。

専門的研究者でもこの対米宣戦は理解不能とするものが少なくないようだが、その中で、どっちみち避けられない対米戦争のイニシアティヴを、いわば敗者が賽を投げる形でとろうとしたものだという説明(カーショウ)もあり、また私が一つ二つ読んだ近時の論文の中にも、「大西洋憲章」で知られる四一年八月の米英首脳会談がヒトラーに与えた大きな衝撃と、そこからするヒトラーのパースペクティヴの転換から、対米宣戦もある意味でその当然の帰結とする新しい見方(イェルザーク)も出てきている。この議論はまだ決着がついていないだろうと思う。

四二年六月、英空軍によるドイツ本土の爆撃が大々的に行われ始める中で、ドイツ軍はロシア南部カフカースの油田をめざす大攻勢をかける。しかしこの攻勢はスターリングラードで食い止められ、これに投入された第六軍は市内に突入して凄惨な市街戦を展開するが、結局ソ連軍に包囲される。そして四三年一月末戦力・戦意尽き果てて、ついに降伏したのである。

敗戦の不可避性と「もう一つの戦争」

すでにモスクワ攻略が失敗した一九四一年の年末に、という人もいるが、遅くとも四二年の晩夏にはもう、この戦争全体の敗戦の不可避性は、ヒトラーにも完全に明らかになっていたはずである。しかしヒトラーは戦争を続行する。一九四一、四二年のいつの頃からか、ヒトラーの中で戦争の意味が変わったようである。ユダヤ=ボルシェヴィズム撲滅という一つの目標に統合されていた二つの戦争が分離し始める。軍事的勝利の見込みがなくなり、「東方生存圏」の獲得が不可能になるにつれて、「ユダヤ人問題の最終的解決」が、ヒトラーにとって残された唯一意味のある戦争になってゆく。そして元来の戦争は、敵味方の兵士を犠牲にしての戦争状態の引き延ばしに過ぎなくなってしまう。

ホロコースト

ヒトラーのユダヤ人政策はほぼ三段階のエスカレート過程を示している。最初はユダヤ人の公民権剝奪と国外移住の暴力的推進。次いで開戦後、全ヨーロッパのユダヤ人をドイツの委任統治領になるはずのマダガスカル島に追放(強制移住)することも計画されたが、これは実行されなかった。そして「最終的解決」。これはポーランドその他の東欧ユダヤ人を大量にワルシャワなどのゲットーに押し込んだもののいわば処置に窮し、「解決」が急がれたところから出たとも言われるが、もちろん根底にあるのはヒトラーの「世界観」であり、なおこの決定が戦局の推移と密接にからみ合っていたことも研究者によって指摘されている。最終的決定が何時下されたか議論のあるところだが、いずれにせよ四二年一月ベルリン郊外ヴァンゼー湖畔に関係者が集められた時(この会議で関係省庁間の調整が行なわれた)、基本方針はすでに決定ずみであったという。

戦争が終わるまでにゲットーや各地の強制収容所で餓死、射殺、ガス殺その他さまざまな形で殺されたヨーロッパのユダヤ人の数は合わせて五百六十万から五百九十万に上る。しかし殺されたのはユダヤ人だけではない。ユダヤ人の大量ガス殺は、開戦後ドイツの精神障害者約七万人が「安楽死」させられた方法の転用なのである。シンティ・ロマ(ジプシー)約五十万が殺されたことも忘れられてはならない。ポーランドでは兵員六十万、民間人はユダヤ人三百万を除いてもなお三百万が犠牲になっている。ソ連は兵員千三百六十万、民間人六百万。兵員の死者は戦死だけではない。五百万を超える捕虜のうち、三百万は餓死させられている。ヒトラーはポーランドやロシアの人間を同じ人間として扱わないように厳命している。恐ろしいことだが、それが事実である。

最後に、ドイツ軍の戦死者・行方不明者は五百万、負傷者四百万、民間人の死者五十万。ヴェークナーという人の論文で知って改めてため息をついたのだが、戦争の最後の一年半の間に、その前四年間の二倍以上の戦死者が出ている(なお、一九三七年七月のいわゆる盧溝橋事件から一九四五年八月までの日本軍の戦死者は一九四万である)。

ヒトラーは四五年四月三十日、ソ連軍が迫るベルリンの総統地下壕で愛人エーファとともに自殺した。五月八日、ドイツは連合軍の前に無条件降伏をした。

3 なぜあのドイツ人が……

なぜヒトラーが出てきたのか

ゲーテやシラーを生んだドイツがどうしてナチスのようなものを生み出してしまったのか。ドイツ史に関心をもつ学生がその動機を聞かれたとき、まずは大半の答えがこの問いに関わっている。ナチス研究の専門家ではないとしても、ドイツ史を講ずる以上、この問いを素通りするわけにはいかない。

状況が異常だったことは認められなければならない。通時的にみれば第一次大戦前のドイツ帝国の力強い躍進、世界的帝国へのあの躍進ぶりと、ワイマル共和国のみじめさとのほとんど絶望的な落差。世界史を見渡しても、短期間にこれほど極端な落差を味わった国民はあまりないのではないか。それが残したトラウマ(精神的な傷)は深い。

共時的にみてもワイマルの状況は確かに異常であった。普通の政治社会には体制内で進歩派もいれば保守派もいる。それが正常である。その左右に体制を否定する極左・極右勢力がいるのも、ある程度までは正常である(それが全くいない社会の方が不正常である)。しかし、体制を支持する人よりも拒否する人の方が多い社会は間違いなく異常である。この異常な社会が、これまた途方もない経済不況に陥って出口も見えない状況にあったとしたら、この状況を突破するための強力な指導者待望論が出てきても不思議ではない。

そこに現れたのがヒトラーと、指導者原理で彼の下に結集し、ヒトラーをドイツの救済者として喧伝するナチスである。異常な状況の中で異常な運動が広がる。これは理解できないことではない。だからヒトラーとナチスの興隆は確かにワイマルの置かれた歴史的状況の所産と言えるが、しかし決して単に状況によってつくられただけの受動的な存在ではなかった。反対者を暴力で弾圧するだけでなく、政治的、経済的、外交的な「成果」で国民の期待に応え、それによって批判的勢力から批判力を奪い、自己の権威と権力をさらに高め、また固めていったという側面があったのである。催眠術師的と評された独特の弁舌の才と、しばしば「専門家」の上を行く「ひらめき」を示したヒトラー個人の政治的嗅覚もまた過少評価されるべきではない。

「歴史における個人の役割」

「歴史における個人の役割」は、歴史家にとって古くて新しい問題だが、それは結局のところ、状況が個人をつくる面と、個人が状況に働きかける面との一種の弁証法の中にあるのであろう。その中にある個人は、捉え方によっていろいろな姿で現れる。戦後のヒトラー＝ナチズムの研究は、まずはドイツを奈落に突き落としたヒトラーの特異性を追究する方向で行われた(私の学生時代はまだそうであった)。その後彼の権力を「構造的」に捉えようとする研究が始まり、そこからは、ヒトラーの権力はまわりの諸グループの競合が作りだしたものであって、彼は実は「弱い独裁者」だったというような議論も出てきたのだった。しかしこれは、支配機構の分析に成果をあげたとしても、「歴史的実感」を少し無視し過ぎているのではないか。だから近時、まさしく運動と状況との相互関係からヒトラーの「カリスマ支配」(イアン・カーショウ『ヒトラー権力の本質』石田勇治訳、白水社)を捉える見方が出てきたのは、議論が落ちつくべきところに収斂してきたものと言えよう。

ところでカーショウも指摘したように、支配の正統性を国民の支持に求めるカリスマ支配は、めざましい成功の連続によってのみ維持されるものである。そこには運動の止まるところのないダイナミズムが組み込まれているが、「歯止め」の装置は完全に欠落している(ナポレオンの支配がすでにそうであった。第６講で書いたように、メッテルニヒはナポレオンを救うために「自制」を求めたが、自己の権力の本質を知るナポレオンはそれを拒否した)。だから歯止めはむしろ別の次元に求められるべきもので、これは普通は新種の政治運動の過激化に危険を感ずる保守的「支配階級」や伝統的「支配エリート」が果たすべき役割であろう。ドイツでは明らかにこの歯止め機構が作用しなかった。なぜなのか。この時代を生きたスペインの哲学者オルテガ・イ・ガセットの所論が、私たちに一つのヒントを与えてくれているように思われる。

「大衆の反逆」

ドイツで学んだオルテガ(一八八三―一九五五)は、日本では何よりも『大衆の反逆』(一九三〇)の著者として知られている。これは「右翼が革命を約束し、左翼が専制に傾斜する」という時代のヨーロッパ社会論である。文化的貴族主義者である彼は、ヨーロッパが陥っている危機の核心を、本来権利よりも義務の重さを知るエリートによって導かれるべき大衆が、エリートを押し退けて支配の座につこうとしていることに見る。ここで彼が「大衆」と呼ぶのは労働者を指すのではなく、義務を知ることなく権利のみを主張し、平準化をこととして自己の要求を他にも強要し、それを暴力的に押し通そうとするような人間類型を指している。ファシズムやボルシェヴィズムをもたらしたのはこの「大衆人」であるが、これはしかし、十九世紀のヨーロッパ文明それ自体がつくり出したものだとオルテガは指摘する。

そして彼は、このヨーロッパ文明の推進者であり、今日の時代の支配階級とも言えるテクノクラート(「技師、医者、財政家、教師等々の専門家」、とりわけ最も高度な専門家としての「科学者」)が、実は「大衆人の典型」なのだと言っている。なぜなら彼らは自分の専門を誇ってものを全体的に見ることを知らず、専門家の傲慢さで他人の言葉に耳を傾けないからである。「彼らは今日の大衆支配を象徴するとともに、その大部分を構成している」(桑名一博訳『オルテガ著作集2』白水社)。

「テクノクラート」という名の大衆

だからこそ彼は、このような専門家をつくり出してしまった十九世紀の大学、特に世界をリードしたドイツの大学を――彼が愛するドイツの大学を――きびしく告発するのである。「研究を大学の支配的地位につかしめた偏向は、大いなる不幸であった。第一の重要事、すなわち教養が大学から押し退けられたのはこの偏向による」(『大学の使命』一九三〇。桂書房版の井上正訳による)。オルテガが「教養」というのは、各時代において人間の生を導く諸理念の体系なのであるが、もし大学が本当の意味のエリートを養成するところなら、この教養の伝達こそ大学の本来の使命でなければならなかったのだ。

本当の意味の支配エリートは、ドイツでは意外と層が薄かったように見える。貴族のエリート将校シュタウフェンベルク大佐とその同志たちの保守的クーデタの試み(一九四四年の「七月二十日事件」)が、遅ればせながらわずかにその名誉を救ったのだけれども。

第 *10* 講

分割ドイツから統一ドイツへ

現在のドイツ連邦共和国の州編成

関係年表

1945	5. ドイツ，無条件降伏．6. 連合国管理理事会設置．ドイツおよびベルリンは四占領地区に分けられて軍政下に入る
1947	1. 米英統合地区発足
1948	6. 西側地区で通貨改革／「ベルリン封鎖」．12. ベルリン東西に分裂
1949	5. 西独基本法／東独憲法制定．ドイツ東西に分裂
1955	5. 西独，主権回復してNATOに参加／東独，ワルシャワ条約機構参加
1959	11. 西独社会民主党，バート・ゴーデスベルク綱領
1961	8. 東独，「ベルリンの壁」構築
1968	4. 東独，新社会主義憲法制定
1969	10. 西独，ブラント内閣発足．二つのドイツの存在を容認
1972	5. 両独政府，通過交通協定調印．
1973	6. 両独関係基本条約(前年調印)発効して，両ドイツ共存関係に入る
1974	10. 東独，憲法改正．「全ドイツ国民」などの語句削除される
1980	1. 西独，「緑の党」全国レヴェルで成立
1985	5. 西独ヴァイツゼッカー大統領の終戦40周年記念演説，「過去の克服」の意味を説く
1989	7. 東独市民の西独への脱出始まる．11. ベルリンの「壁」開放
1990	8. 両独政府，ドイツ統一条約調印．10. 統一ドイツ発足
1993	11. ヨーロッパ連合(EU)発足
2002	1. EU，共通通貨「ユーロ」実施

1　占領、そして二つのドイツへ

分割占領

一九四五年、連合国軍の占領下に入ったドイツは、連合国の事前の協定により四つの地区に分割され、米英仏ソ四国占領軍の軍司令官がそれぞれの占領地区について統治権をもつ、という形で軍政下に置かれることになった。なおベルリンは地理的に東のソ連占領地区にあるが、ここはこれ自体が四つの占領地区に分割されることになる。そしてこのベルリンに置かれた連合国管理理事会(四国の軍司令官で構成)が最高の統治権をもって全体の調整に当たるのである。

しかしこの占領体制はたちまち行き詰まってしまう。戦後の世界秩序をめぐる東西世界の対立はドイツの占領政策にも影を落とし、とりわけ賠償問題が四国の協力の足並みを乱した。ソ連は戦争の被害が甚大だったこともあって賠償の取り立てを第一としたが、米英両国は第一次大戦の戦後処理の失敗にも学んで、ドイツ自体の経済復興を優先させる方向をとったからである。管理理事会は一九四六年には早くも機能不全状態に陥った。米英両国は四七年には管理下の占領地区を「合同占領地区」に統合する。これに後からフランス占領地区が加わって、この西側三地区とソ連占領地区が対峙する形勢となる。これが大きな流れである。

二つのドイツへ

分裂の決定的契機となったのは西側の通貨改革である。四八年六月、ドイツ経済再建の金融上の基盤を確立するため、西側三地区で一斉に旧通貨が新通貨「ドイツマルク」に切替えられた。ソ連側も対抗上自分の地区に独自の新(東)マルクを導入した。これまで各占領地区の経済的紐帯となっていた統一通貨が失われ、ドイツは通貨上、また経済政策上も二分割されたのである。それればかりか、西ベルリンへの西マルクの導入を認めようとしなかったソ連が、ベルリンと西側地区の陸上交通を遮断するという危機的な事態(「ベルリン封鎖」)にもなったのだが、西側は大規模な物資空輸作戦で乗り切り、一年後には封鎖を解除させることに成功した。しかし戦後三年のこの段階で、ドイツの二分割はもう抜き差しならないような様相を呈してしまったのである。

占領下のドイツの政治生活は、各占領地区で、州や市町村のレヴェルから始まった。ただし最大の州プロイセンは、ドイツ軍国主義の元凶として占領軍の命令で解体され、いくつかの新しい州がつくられている。四八年、西側三地区では占領国の支持のもと、諸州議会の代表者会議が新しい憲法を審議し、連邦制と議会主義を基本とする新憲法(「基本法」)を採択した。これが諸州の批准を経て発効したのが四九年五月で、こうして発足したのがライン河畔の小都市ボンを首都とする西ドイツ=ドイツ連邦共和国である。

他方ソ連占領地区でも新憲法が準備され、四九年十月に発効する。これはいわゆる「人民民主主義」型憲法で、「人民議会」に権力を集中し、議会では社会主義統一党（共産党が社会民主党を吸収したもの）に支配的地位が保証されることになるが、ともあれこれによってソ連占領地区は東ドイツ＝ドイツ民主共和国となった。首都はベルリン（東ベルリン）である。

こうして二つのドイツ国家が発足した。将来の再統一への望みがこの段階ですでに消えたというのではない。東の憲法は建前上はそのまま全ドイツに適用されるべきものだったし、西の憲法が「基本法」と称したのも、将来の全ドイツ統一憲法までの仮の憲法という含みなのであった（結果的には四十年後に、この基本法が名称もそのまま全ドイツ憲法となるのだが）。ともあれ、再統一の含みは残しながら、東西ドイツは当面それぞれの国家建設に向かったのである。

2　二つのドイツの相剋

西ドイツの発展

「時刻零（シュトゥンデ・ヌル）」という言葉がある。敗戦直後のドイツの状況を指す言葉で、ナチスの「大ドイツ帝国」とその崩壊の現実の只中に突然立たされたドイツ人の心象風景をよく表している。ベルリンやケルンやドレスデンなどの一面ただ瓦礫の原といった写真が伝える戦災のイメージがそれに重なっている。実際戦前からある全家屋の四分の一が修復不可能な全・半壊といった惨状だったのだ。

しかし最近の研究の中で、米英占領地区の一九四五年の工業資産は一九三六年の水準を上回ってさえいたという統計も出てきており、経済生活が文字通りの零からの再出発ではなかったことが明らかにされている。西ドイツについては、その上「マーシャル・プラン」(アメリカのヨーロッパ経済復興援助計画)による豊富な援助があった(四八—五一年)。それはドイツの経済復興を西ヨーロッパ経済復興の鍵と位置づけており、西ドイツの復興には西側世界の威信もかかっていたのである。成功した経済政策としてほとんど神話化された「社会的市場経済」(「社会国家的配慮とバランスをとった自由市場経済」といった意味の言葉。西ドイツの経済政策のキーワード)ももちろん無視できない要素だが、戦後西ドイツの「経済の奇跡」は、いずれにせよこれら諸要素の複合的な成果と言ってよいように思う。

西ドイツでは奇跡的な経済復興の反面、占領軍が当初目標として掲げた社会の非ナチ化や独占解体、土地改革(大農場の解体)などは明らかに不徹底に終わった(目標そのものを軌道修正したと言った方がいいかもしれないが)。ただ政治システムそのものは、ワイマル共和国におけるナチス台頭の苦い経験に学んで根底的に「非ナチ化」された。そう言っていいと思う。各州が決して名目的ではない州政府と議会をもつような連邦制(中央集権の否定)がそうである。なおプロイセンが解体された結果、九つの州(一九五七年にザールラントが加わって十州となる)は、ハンブルク、ブレーメンの二都市州を別とすれば(西ベルリンは準州扱い)、ほぼ均等な大きさとなり、前よりもずっとバランスがよくなった。

中央の政治権力が大統領ではなく連邦政府と二院制の議会(国民代表の連邦議会と州代表の連邦参議院)に集中され、連邦議会では選挙で得票率五パーセント以下の小党が排除されるなど、政党政治の安定に極力意が用いられたのも同じ意図による。その結果西ドイツは保守派が大合同したキリスト教民主同盟(CDU)と復活した社会民主党(SPD)の二大政党、それに左派自由主義系の自由民主党(FDP)がからむだけの、かなり整理された政党構造の国になった。なおバイエルンでは独自の保守党としてキリスト教社会同盟(CSU)が組織されたが、これは中央ではCDUと連合して共同会派CDU/CSUを形成することになる。

このCDU/CSUとFDPとの連立で長期安定政権を樹立し、新しい連邦共和国を軌道に乗せたのがCDU党首アーデナウアーである。彼は何よりも西側陣営の一員としての立場に徹することで西ドイツの国際的地位の向上をはかることを基本とし、それが東西ドイツの再統一には当面マイナスに作用することを承知で、積極的な「西向き」外交を展開した。その成果が五五年の主権回復だが、それは同時に西ドイツが対ソ連軍事機構である北大西洋条約機構(NATO)の一員となって再軍備に着手する過程でもあった。西向き外交は東に対する反共政策と裏腹で、これが西ドイツの戦後政治の第一期である。

西に比べ、東がハンディキャップを負ったのは、国の大きさだけのことではない（西の四四パーセント）。マーシャル・プランの援助が得られなかっただけではない。経済再出発の足掛かりとなるべき工業資産で破壊を免れたものは、現物賠償としてソ連にもって行かれてしまったのである。

東ドイツの苦難

東西分裂の過程を見ると、どう見ても西側が一歩先んじて分裂路線を進んだようなところがある。統一的占領体制の維持にこだわったのはむしろ東側＝ソ連であったろう。しかしソ連がそうであったのはドイツのためというよりは、自国の利益のためであり（自国の利益で動くことはもちろん西側も同じだが）、より具体的にはドイツ全体からまとまった賠償を取り立てるためであった。ソ連がナチス・ドイツによって受けた被害は西側のそれより比較を絶して大きかったから、無理もないとも言えるのだが、ともあれ統一的占領体制が崩れたとき、ソ連の賠償請求はひたすら自分の占領地区と、そこにつくられた東ドイツ国家に向けられることになる。

多くの工場施設が解体されソ連向けに搬出された。ガス水道施設も持っていかれたし、鉄道も複線の場合、片側の線路が枕木ともども持ち去られた。単線の場合ですら線路を失って営業停止になったところもあるという。このような賠償物資がソ連で有効に生かされたかどうか、はなはだ疑問だが、疑問の余地がないのは、東ドイツの経済復興が、最初から巨大なハンディキャップを背負わされたことである。施設撤去は四七年一杯でほぼ終わるが、反面重要企業は接収され、ソ連の所有に移されて、ソ連向けの生産が行なわれたのだった。これが一九五二年まで続いたのである。

非ナチ化、そして土地改革は西よりも徹底して行なわれた。百ヘクタール以上の大農場は没収され、小農民に分配された(のちに農業生産協同組合という形で改めて集団化される)。ナチ分子とともに、ドイツ保守主義の背骨になっていた大土地所有貴族＝ユンカー階級が一掃される。これは大きな社会的変革を意味していた。

しかし政治体制は民主化されなかった。行われたのはスターリン体制化である。有名無実の州制度は中央集権的な県制度に切替えられ、社会主義統一党の一党独裁のもとに、党機構が国家機構を代替する体制がつくられてゆく。それを指導したのが「モスクワ帰り」の党の第一書記ウルブリヒトで、彼は六〇年に初代大統領ピークが死去するとこの職を廃止し、国家評議会議長として国家元首をも兼ねることになる。

このウルブリヒトのもとで東ドイツは五〇年代以降社会主義国家の建設に突き進む。工業企業は「人民所有」化され、農業も集団化されてゆく。過酷な労働強制は五三年六月に大規模な労働者の蜂起(六月十七日事件)を呼び、ソ連におけるスターリン批判はウルブリヒトの地位も一時動揺させたが、それを乗り切ったあと、彼の独裁的体制が確立したのである。必ずしもソ連の言うとおりにならなかったこの極めてアクの強い政治家についてはいろいろな評価があり得るだろうが、彼のもとで築かれた強大な秘密警察機構（シュタージ＝国家保安省）が東独の大きな負の遺産になったことは間違いないところである。

社会主義化はもちろん平坦な道ではなかった。それを嫌う人が西に流れたのである。六一年までに西への移住＝脱出者は二百五十万に上っている。六一年八月の「ベルリンの壁」の突然の構築は、当時一般人にとって西側への唯一の出口になっていたベルリン（ここだけ四国占領体制が続いていた）を経由してのこの人口流出をくい止めるためであったのだ。

六〇年代——マールブルクでの観察

私がはじめてドイツに行ったのは、「壁」構築の翌年、一九六二年の秋で、それから六五年秋まで三年間を西ドイツ中部の静かな大学町マールブルクで過ごした。最初のドイツ体験でもあり、いくつかのことについて強い印象を受けた。日本と比べはるかに底堅い国民生活の豊かさ、反面一切の甘えを許さない合理主義（それは学生の通学用割引切符が休日は使えないといったところにも及ぶ）、国際関係では、長年の仇敵フランスとの国民レヴェルにも定着した蜜月関係（六三年には友好条約が結ばれている）、反面「東」に対する激しい対抗意識と強烈な反共感情。東独はあくまで「（ソ連占領）地区《ツォーネ》」ないし「中部ドイツ《ミッテルドイッチュラント》」であり（「東ドイツ」はオーダー川のさらに東の地域を指す言葉であった）、東ドイツの国名を直接口にすることは最大の政治的タブーであり、必要な場合、「いわゆる《ゾーゲナンテ・》DDR《デーデーエル》」という言い回しでのみ許容されていた。

いま日本では、ドイツが「過去の克服」の模範国であるように思われているが、その当時この問題は冷戦の影に隠れて、あまり問題にされなかった。ナチス時代のことが話題になると、みな一斉に押し黙ってしまった。学校では歴史の先生が、授業が「現代」に及ばないように古い時代を中心に話すのだと、ある学生が私に話してくれたことがある。「坂井さん、この問題と向き合うのは世代が交代するまでは無理です」とも。

ドイツ全体に、ナチスの時代を、その前の時代からやり直すことで何とか乗り越えたい、といったような雰囲気があるように感じられた。私がその中に身を置いた大学の生活は、社会のそのような雰囲気にも支えられて、「古き良き時代」の慣習と気風の中で営まれていた。教授の権威は絶対であり、師弟関係は古いギルドにおける親方と職人・徒弟の関係を思わせるものがあった(私はこれを悪い意味でだけ言っているのではない)。

しかし反面、別の新しい動きも感じられた。いささか硬直したアーデナウアーの反共一辺倒の政治はようやく飽きられ、六三年には「経済の奇跡」の演出者で、よりリベラルと目された経済相エアハルトが代わって首相の座についた(結果は全くの期待倒れに終わったが)。西独の議会政治自体は大変安定していた。しかしすべてが議会中心で、しかも小党は排除され、国民投票の制度もなく、国民の政治参加の機会は四年に一度の総選挙に限られているような徹底した間接民主主義の政治制度には、底辺で不満も蓄積されていた(西ドイツは「国民主権」ではなく、

「議会主権」だとある学生が言っていた)。マールブルクの政治学科には西では例外的にマルクス主義者のアーベントロート教授(東からの移住学者)がいて、多少とも現状に飽き足らない学生がその講義に集まっていた。六五年にはマールブルクで「非常事態法」反対の市民集会がアーベントロート教授や多数の学生の参加の下に行われている。このような議会外市民運動がやがて各地に起こり(これが後に反核・環境保護の市民政党「緑の党」の結成につながる)、また六八—六九年の学生の大反乱とも連動したのである。私がマールブルクを去った後のことだけれども。

七〇年代——西ベルリンでの体験

私は七四—七五年の冬学期から七五—七六年の冬学期まで三学期一年半を、西ベルリンのベルリン自由大学の日本史講師として過ごした。激烈な大学紛争と、助手が学長に選ばれたような組織改革を経たベルリン自由大学の雰囲気は、かつてのマールブルクのそれとは全く異なるものであった。学生の間ではマルクス主義と「反体制」がいわば時流になっていた(私の学生時代、五〇年代の日本とちょっと似たところがあった)。私の属した歴史学科はどちらかというと保守的な方なのだが、反左翼の論客であるファシズム論のノルテ教授が、左翼の学生と壁新聞で猛烈にやり合うといったようなことが、日常的に行われていた。

政治の雰囲気も一変していた。決定的だったのはSPDのブラント政権の「東方外交」である。一九五九年のバート・ゴーデスベルク綱領でマルクス主義的階級イデオロギーを脱皮したSPDは、CDU／CSUとの「大連合」(六六―六九年)を経、一九六九年、第三党FDPと組んでついに政権を獲得する。そして首相ブラントが展開したのが、東ドイツに独自の国家が存在することを率直に認めることから出発する新東方外交である。東西両ドイツ関係基本条約(七二年調印、七三年発効)によって両ドイツは共存関係に入り、ソ連・東欧諸国との関係も次々に結ばれた国交正常化・友好条約によって大幅に改善されたのである。七四年に私が行った時はもう、東の存在はごく当たり前のこととして受け入れられていた。以前のタブーを引きずっていた私の方が呆気にとられるほどであった。ドイツ再統一の課題が忘れられたわけではない。しかしそれは東西の関係が融和した時はじめて問題になる将来の課題としてであって(ブラントは明らかにそう見ていた)、それを今現在の最大の政治課題と考える人は、七五年の世論調査によれば西ドイツ人のわずか一％に過ぎなくなっていた。

六〇年代の「常識」からすると全く信じられないような大転換を行なったブラントは、七四年春、秘書が東のスパイだったという不幸な事件で辞職し、同じSPDのシュミットが後を次ぐが、このブラントと八二年まで続くシュミットのSPD政権時代が、いずれにせよ戦後西ドイツの政治の第二の局面をつくったと言えるだろう。理想家肌のブラントと現実政治家のシュミットと、天は西ドイツによき人材を配してくれたという感が深い。

六一年の「壁」の構築により西への人の流出が止まったことで、東の社会主義的計画経済はようやくスムーズに動きはじめた。工業企業の「人民所有化(国有化)」は五〇年代にすでに大略完遂されていた。六〇年代には生産協同組合化という形で農業の集団化が押し進められ、七〇年代初頭には、遅れていた流通関係の社会主義化も完了する。それは同時に、国民の経済生活が国家(党)の指令による計画経済に組み込まれてゆく過程でもあった。

東ドイツ国家の発展

この社会主義化の実績を背景に、一九六八年、東ドイツでは新憲法が発布され、それは自国を「ドイツ民族の社会主義国家」であると規定したのだった。そして七四年にはこの憲法がさらに改定され、ここではドイツ民主共和国は「労働者と農民の社会主義国家」であるとされている。この改定憲法の特徴は、「ドイツ民族」とか「ドイツ人」といった表現が意識的に削除されたことである(さすがに国名には「ドイツ」が残ったけれども)。東ドイツは、もう西とは関係のない別の国だ、という意思表示である。

ここには戦後の東ドイツの自立化の歩みが反映されているとともに、社会主義化についての東ドイツ政府の自信が表れていると言うこともできる。「壁」で人口流出を止めたあと、東ドイツの経済はソ連や東欧諸国との貿易関係を軸にかなりの経済成長をとげ、七〇年代には、国民生活も西ほどではないにしても、ある程度の余裕のある消費生活を享受できるようになっていた。前述のように、東は西にくらべ出発点において大きなハンディキャップを背負っていたのだから、この成果はやはりそれなりに評価されるべきであろう。「赤い経済の奇跡」は必ずしも言葉だけのことではない。

しかしこの「奇跡」は、相当の無理を重ねての成果であった。西への移動を不可能にされた国民は、東の国家と折り合いをつける他はなくなったが、他方ウルブリヒトに代わって権力を握ったホーネッカーの政権は、国と党の威信をかけて国民の生活水準を上げることに努めることになる。そして社会保障制度の充実はもちろん、労働者のための住宅建設や食料品など生活必需品の低価格安定化などのためには、経済合理性を無視した財政支出がなされたのだった。だから国民はこの体制に順応する限りにおいて、揺りかごから墓場まである程度保障された生活を楽しむことができた。反面、国民生活のすみずみまで、国家保安省(シュタージ)による秘密裡の監視と密告の網の目が張りめぐらされていた。社会主義統一党の一党独裁による抑圧政治は、国民に批判の自由を一切認めなかったのである。

ソ連の計画経済が硬直した体制のもとで行き詰まったように、東ドイツの経済も八〇年代に入ると収支のバランスにはっきりほころびが生じてくる。しかし八〇年代末、ソ連の「ペレストロイカ」に発する改革と民主化革命の波がついに東ドイツにおよび、一九八九年秋十月、「われわれが(主権者たる)国民だ」の声をあげて国民が立ち上がったとき、彼らをつき動かしたのは決して経済問題ではなかった。彼らが打倒しようとしたのは、何よりも政権党の一党独裁と抑圧政治であり、求めたのは言論の自由、政治活動の自由、そして移動の自由であった。

3　統一ドイツとヨーロッパ

東西ドイツの統一をめぐって

一九八九年十一月九日の歴史的な「壁」の開放から、翌九〇年十月三日のドイツ統一までの激動の日々を――あるいは「われわれが国民だ」の声が「壁」の開放後たちまち「われわれは一つの国民だ」に代わり、東の民主化の問題が東西ドイツの再統一の問題に帰着していったその経緯を――、ここで順を追って個々に記す余裕はない。ここでは二つの大事な論点にしぼって、私の考えを述べるに止めたい。

その一は、ドイツの統一が決してドイツだけの問題ではなく、すぐれて外交ないし国際関係の問題だったことである。東西両陣営に分かれて対峙してきた二つのドイツ国家の再統一であってみれば、それは当然のことであるが、私がここで注意を喚起したいのは、二プラス四方式(東西ドイツの協議に四連合国が同意を与えるという統一ドイツの国際的承認の手続き)といった手続き問題だけではなく、この四連合国をはじめとする欧米の各国政府が、中央ヨーロッパに新たに大国を出現させるとも見られるこの事態に対し、基本的に好意的であり続けたという決定的な事実である。

ドイツの大国化に対しては歴史的に常に拒否的に対応してきたフランスが肯定的な態度を貫いたこと、そして特にソ連のゴルバチョフ書記長(のち大統領)が東ドイツの西側への移行を許容したことがドイツの統一を実現させたと言っても過言ではない。ここには統一を主導した西ドイツの戦後の民主化の努力や、長年にわたる西ヨーロッパ統合への積極的な関与と寄与、反面ブラントの東方外交以来築き上げられた東欧諸国との信頼関係がまさしく歴史的に作用したのである。

もう一つは統一の「国内的」手続き問題である。西の基本法第一四六条は、この基本法が国民の自由な決定による新憲法に切り換えられる日のあることを想定していた。他方第二三条は新たに加盟する州への基本法適用を定めていた。西の仮憲法としての「基本法」の性格からすれば、新憲法制定による統一が明らかに本筋である。しかし結論を言えば、当初当然のこととされていた一四六条方式が、早期統一にはこの方が便宜という理由で二三条方式に押し退けられ、東で新たに復活した五州と新都市州ベルリンが西の連邦に加盟する形で(つまり西が東を吸収合併するという形で)統一が行われたのである。

これについて、統一の立役者となって早期統一を(ある時期からほとんどごり押し的に)推進した西の首相コール(CDU)は、本当の民主的手続きを無視したとして進歩派から激しく非難された。しかし私は東の国家の事実上の崩壊や、当時の国際関係の先行き不透明状態(それは翌九一年、ソ連における反ゴルバチョフ・クーデタ事件で歴然とした)などからして、コールの対応はやむを得なかったのではないかと思っている。当時私の頭をしきりに去来したのは一八四八年のフランクフルト国民議会の苦い経験——時間をかけて新統一憲法を審議しているうちに国内外の状況が変わってしまった——であった。

民主主義の成熟

統一によってドイツ分断の歴史は終わった。しかしもちろん、これで問題がなくなったわけではない。統一の社会的・経済的コストがどれほど高くついたか、そんなところから生じた西と東の心理的ギャップが現在のドイツにどのようなひずみをもたらしているかについては、私がこと改めて書くまでもないであろう。一部にくすぶり続けては時に火がつくドイツ・ナショナリズムの問題も、まだ完全に解消したと言うことはできない。ドイツは分け隔てられた二つの国の再統一という歴史的なチャンスを見事にものにしたが、統一の実をどう結ばせてゆくかは、ドイツにとって新しい課題、そして新しい試練でもある。

しかし私は、ドイツがこの試練に耐えてゆくだろうと見ている。ごく自然にそう思っている。そこで最後に、私がなぜそう思うかについて述べ、この「10講」の結びとしたい。

それは一言でいえば、ドイツにおける民主主義の成熟である。これにはもちろん十九世紀以来の長い歴史がある。ドイツが最初に民主主義の問題に直面したのはフランス革命の時代だが、その時代以来、ドイツは大衆の動員をともなう民主主義に対しては、むしろ常に懐疑的に対応してきたと言えるだろう。その行き着く先が権威主義的ドイツ帝国であった。そしてその崩壊から月満ちずして生まれたワイマル共和国は、先端的な民主主義の実験に失敗し、いわばその鬼児であるナチスの支配は、大衆民主主義に対する懐疑を改めて強めてしまったところがあった。本講でも述べたように、戦後の西ドイツの民主主義は、その反作用として徹底した議会中心の間接民主主義になり、それに対する反作用として六〇年代末の若者の反乱があった。大きく整理すればそう言えるだろうと思う。

この反乱がドイツに軌道修正を促した。そしてドイツはそれに正しく対応したと言えるのではないか。反乱の行き過ぎと過激化に対しては日本などよりも遥かに厳しく対応しながら、ドイツの政治的風土はあの時期以後はっきりと変わった。五パーセント条項はそのままながら、一般市民の参加要求にさまざまな形で応え、少数意見にも耳を傾ける方向にである。自国の過去を直視し、負の過去をも自分の中に取り込むことによって未来に進む、という意味での「過去の克服」が国民のコンセンサスになって行ったのも、出発点はあの反乱にあったように思う。若者の反乱はドイツに限られたことではないが、ドイツは明らかに、それに最も「前向き」に反応した国の一つである。

そのような長い過程を経て、いまドイツの政治社会は、「緑の党」のようなプロテスト政党をも議会主義体制の中に包摂し、政権に参加させるだけの懐の深さをもつようになった。そして原発廃止という画期的な決定はもとより、ドイツが国是として環境保護に向かうことになったその過程において、「緑の党」という、この小さな市民政党の果たした役割は非常に大きいものがある。こういうことを指して、私は民主主義の成熟というのである。私がドイツに寄せる信頼は(そしてドイツがいま世界から得ている信用は)、根底においてこの成熟によっている。

連邦制の意味

この民主主義の成熟過程において、ドイツの連邦制が果たした役割もまた見逃せない。ドイツの連邦州は独自の議会と政府をもち、基本法の枠内で独自の憲法さえもち、内政の多くの面、特に文教行政などは専一的に州の権限になっている。だから国民は州レヴェルでも政治参加の機会をもち、「緑の党」なども、まずは州議会に進出して経験を積むことができた。他方CDUとSPDの二大政党は、全国レヴェルで野党となっても州のレヴェルで政権党として独自の政策を実践することもできるのである。実際、若者の反乱に際し、ドイツの各州は、CDU政権の州では基本的に伝統的な大学制度が守られる一方、SPD主導の州では学生参加を含む大学改革のさまざまな実験が行われるなど、多様な対応が可能であった。それがドイツの民主主義に独特の柔軟性を与えてきたことは疑いなく、ドイツにおける民主主義の成熟も、この連邦制に支えられている面が小さくはない。連邦制というと、とかく議会は二院制でといった制度上の話に終わりがちで(それも大事なことには違いないが)、連邦州自体が果たす政治的役割が見落とされることが多いので、この面を特に指摘しておきたいと思う。

ドイツの連邦制はまた別の面でもいま重みをもってきている。「地域のヨーロッパ」のモデルとしてである。EUという形でヨーロッパの統合が進み、これまで絶対的な政治単位であった国民国家の政治的比重が相対的に減じるにつれて、これまで「国民国家」の影に隠れていた地域がさまざまに独自の存在を主張しはじめることになった。「イギリス」の一部に組み込まれていたスコットランドとウェールズが、一九九九年、それぞれ独自の地方議会をもって地域自治を行なうことになったことなど典型的な例であるが、ヨーロッパ統合の将来の課題としての連邦制ヨーロッパは、単に諸国家の連合であるだけでなく、「地域」を地方自治単位とした、地域連合としての性格ももつはずである。そしてこの場合、「地域」の政治モデルとされているのがドイツの連邦州なのである。

ドイツとヨーロッパ

ドイツを中心に、オーストリア、スイス、オランダ、ベルギーなど、中央ヨーロッパには連邦制の国が多い。それは明らかに神聖ローマ帝国の歴史の遺産である。ヨーロッパは一般に「国民国家」成立のモデル地域とされており、その先進国とされるのがフランスやイギリスなのだが、ヨーロッパというのはまた連邦制という国家形態を生み出した地域でもあり、その先進的範例を提供するのがドイツなのである。十八世紀初頭に早くもヨーロッパの統合を夢見たサン・ピエール師はこう書いた。「統合ヨーロッパをつくりだすのは、以前にドイツ帝国〔神聖ローマ帝国〕をつくったときに比べて、より難しいということはない。要するに〔ドイツで〕小規模に行われたことを、大規模に繰り返しさえすればいいのである」(『永遠平和論』)。ひょっとすると、これは単なる夢物語ではなくなるかもしれないのだ。

ここで言われているのは、権力的ドイツ帝国の拡大としてのヨーロッパではない。大小多数の国が一定の法的枠組みの中で共食いもせずに共存したドイツ的状態の拡大としてのヨーロッパである。この形でならドイツは、肩肘張ることもなく、いわば自然体でヨーロッパに貢献することができる。

ドイツの発展をヨーロッパの統合と結び付けようと努め、この面で大きな功績を残した旧西ドイツ/統一ドイツの元外相ゲンシャーは、日頃トーマス・マンの次の言葉を好んで引用した。「われわれはドイツのヨーロッパではなく、ヨーロッパのドイツを欲する」。ヨーロッパの中で、ヨーロッパとともにあるドイツの意である。統一ドイツが統合ヨーロッパの中で、「ヨーロッパのドイツ」になってゆくことを、私もまた心から願っている。

あとがき

本書は、柴田三千雄氏の『フランス史10講』、近藤和彦氏の『イギリス史10講』とともに、「10講」という形をとった歴史叙述の一つの試みとして読者に提示されるものである。学問的水準を守りつつ、それぞれの国の国家と社会の発展のありようを十回でコンパクトに語るということで、発案者は柴田三千雄氏である。執筆者三人が岩波書店とも相談して、とりあえず上記三本でスタートすることになった(さらにいくつか続くはずである)。ことの経緯からして本当は柴田氏のフランス史が最初に出るのが望ましいのだが、諸般の事情から私の方が先になった。

そこでこの「10講」の性格についてなお一言述べておくと、これは基本的に概説的な小歴史書ではあるが、決して大きな概説書の縮刷版などではなく、むしろ著者それぞれの歴史の見方・捉え方が強くにじみ出た通史となるはずである。というのも十回で各国の歴史のすべてを語り尽くすことはもとより不可能であり、だからこそ各講で何をどう語るかが問われるからである。各著者の個性・視点が生かされ、また試されることにもなろう。私はそのように理解して私の「10講」を書いた。それなりの気構えで書いたけれども、といって何か特別のことをしたわけではない。長年自分の中で温めてきた私の「ドイツ史」像を、いわば自然体で語ろうと努めたまでである。

私が西洋史、それも特にドイツ史の勉強をしようと思い定めたのは、一九五三年(昭和二十八年)、高校三年の夏休みのことである。その後幸い希望どおりの道を歩むことができ、その道ちょうど半世紀、五十年を経たことになる。その間、私はあまり「専門」にこだわらず、十八世紀から十九世紀にかけてのドイツの政治、経済、社会、文化のさまざまな側面を研究してきたが、私にとって歴史研究に携わるというのは、昔の出来事についていろいろ調べることは当然として、しかし何よりも、それらの出来事が織りなす歴史の動きをどう捉えるか、そして自分なりの「ドイツ史」像をどうつくるかの問題であった。最初からそうだったように思う。

しかし、どこの国の歴史でも同じだが、ドイツが何であるかは、ドイツだけを見ていて分かるものではない。大きく「世界の中の」とは言わないまでも、せめてヨーロッパの中でドイツが何であり、何であったのか、それを自分なりに確かめたいという思いが、近年私の心を占めていた。そして私は——こういう時いつもそうするのだが——大学の講義を利用して、これについて自分の調べたことや思うことを少しずつ言葉にするようにしてきた。それが一九九四年度の「ドイツとヨーロッパ」に始まる聖心女子大学での一連の講義で、その後「宗教改革時代のドイツとヨーロッパ」、「絶対主義時代のドイツとヨーロッパ」と順次進んで、どうにか「世紀末」までたどり着いた。私としては間もなく来る定年までに少し駆け足で現代に至り、それから全部をまとめて本にしたいと思っていたのだが、そこへこの「10講」へのおさそいを頂き、少し「前倒し」してまとめさせてもらうことにした。それが本書である。

だから本書が「ヨーロッパの中のドイツ」を見ることを基本的な視点としていることも、それなりに自然の流れとしてご理解頂けると思う。なおこういう視点から書かれたドイツ史は今までなかったと思うので、これを書くに当たって私が参照した一番の参考文献は、あえて言えば私自身の講義ノートである。とはいえ、あたかも私がこれを書くのに合わせてくれたかのように、山川出版社の『世界歴史大系』のイギリス、フランス、ドイツ、ロシア各国史(各三巻)、また『世界各国史』の新シリーズが出揃ったことは、何かと参照に便利で有難いことであった。以下、各講について、文献を含めて最低限の補足説明をさせて頂く。

第1講の冒頭に置いた「トイトブルクの森の戦い」戦場跡発見についての記述は、私自身の見聞と多少の勉強によるが、それ以外の古代ドイツのことについては山田欣吾『教会から国家へ――古相のヨーロッパ』(創文社、一九九二)から多くのものを学ばせて頂いた。第2講の基底にあるのは堀米庸三『西洋中世世界の崩壊』(岩波全書、一九五八)である。これは私が学生として聴講した大学の講義が本になったもので、ドイツの中世を地中海世界と結びつけて考える発想も根はここに発している。第3講は F. Seibt, *Karl IV.*, München 1978 に負うところが大きい。私はいわば「副専攻」としてヨーロッパ大学史を勉強しており、以前からカール四世によるプラハ大学の設立と彼の帝国経営策の間に何らかの関係があるのではないかと考え、それを誰も問題にしないことを不思議に思っていたが、ザイプトがこの疑問に答えてくれた。

第4講から第7講までは講義ノートを基に書いた。第5・6講あたりが私の狭義の専門の時代である。第7講と、特にその後の第8・9講では、いささか専門を踏み越えて、いろいろ私なりの見方を書かせて頂いた。多少の問題提起も含んでいるので、ご批判を頂ければ有難い。なおこの第7・8・9講では、お陰を蒙った文献はなるべく本文中に記すようにしたが、全部というわけにはいかなかった。本書の性格と紙幅の関係もあり、ご諒解を乞う。

最初に書いたように、私がドイツ史の勉強を志したのは一九五三年のことだから、戦後ドイツの半世紀の歩みを、私が半ば「自分史」として書いたのも許されるであろう。第10講の基底にあるのは第一に私自身の観察である。ドイツの分割と再統一という世界史的な出来事を自分の実体験として書くことができたのは、歴史家としてやはり幸せなことであったと思う。

これまでにお世話になったすべての人にお礼申し上げたい。

そして最後に、この小著を以て林健太郎先生の卒寿の祝いとすることをお許し頂きたい。

二〇〇三年一月　　坂井榮八郎

坂井榮八郎

1935年千葉県生まれ．59年東京大学文学部西洋史学科卒業．62〜65年マールブルク大学に留学．東京大学教授，聖心女子大学教授を経て，
現在—東京大学名誉教授
専攻—ドイツ近代史
著書—"Der kurhessische Bauer im 19. Jahrhundert und die Grundlastenablösung"（ドイツで出版），『ドイツ近代史研究』『ヒストリカル・ガイド ドイツ・オーストリア』(以上，山川出版社)，『ドイツ 歴史の旅』『ゲーテとその時代』(以上，朝日選書)
『ヨーロッパ＝ドイツへの道』(共編著，東京大学出版会)，『ドイツの歴史百話』(刀水書房) ほか
訳書—ハルトゥング『ドイツ国制史』(共訳，岩波書店)
ベラー『フランツ・ヨーゼフとハプスブルク帝国』(監訳，刀水書房) ほか

ドイツ史10講　岩波新書(新赤版)826

2003年2月20日　第1刷発行
2018年3月5日　第23刷発行

著　者　坂井榮八郎《さかいえいはちろう》

発行者　岡本　厚

発行所　株式会社 岩波書店
〒101-8002 東京都千代田区一ツ橋2-5-5
案内 03-5210-4000　営業部 03-5210-4111
http://www.iwanami.co.jp/

新書編集部 03-5210-4054
http://www.iwanamishinsho.com/

印刷・精興社　カバー・半七印刷　製本・中永製本

ISBN 4-00-430826-7　Printed in Japan

岩波新書新赤版一〇〇〇点に際して

ひとつの時代が終わったと言われて久しい。だが、その先にいかなる時代を展望するのか、私たちはその輪郭すら描きえていない。二〇世紀から持ち越した課題の多くは、未だ解決の緒を見つけることのできないままであり、二一世紀が新たに招きよせた問題も少なくない。グローバル資本主義の浸透、憎悪の連鎖、暴力の応酬——世界は混沌として深い不安の只中にある。

現代社会においては変化が常態となり、速さと新しさに絶対的な価値が与えられた。消費社会の深化と情報技術の革命は、種々の境界を無くし、人々の生活やコミュニケーションの様式を根底から変容させてきた。ライフスタイルは多様化し、一面では個人の生き方をそれぞれが選びとる時代が始まっている。同時に、新たな格差が生まれ、様々な次元での亀裂や分断が深まっている。社会や歴史に対する意識が揺らぎ、普遍的な理念に対する根本的な懐疑や、現実を変えることへの無力感がひそかに根を張りつつある。そして生きることに誰もが困難を覚える時代が到来している。

しかし、日常生活のそれぞれの場で、自由と民主主義を獲得し実践することを通じて、私たち自身がそうした閉塞を乗り超え、希望の時代の幕開けを告げてゆくことは不可能ではあるまい。そのために、いま求められていること——それは、個と個の間で開かれた対話を積み重ねながら、人間らしく生きることの条件について一人ひとりが粘り強く思考することではないか。その営みの糧となるものが、教養に外ならないと私たちは考える。歴史とは何か、よく生きるとはいかなることか、世界そして人間はどこへ向かうべきなのか——こうした根源的な問いとの格闘が、文化と知の厚みを作り出し、個人と社会を支える基盤としての教養となった。まさにそのような教養への道案内こそ、岩波新書が創刊以来、追求してきたことである。

岩波新書は、日中戦争下の一九三八年一一月に赤版として創刊された。創刊の辞は、道義の精神に則らない日本の行動を憂慮し、批判的精神と良心的行動の欠如を戒めつつ、現代人の現代的教養を刊行の目的とする、と謳っている。以後、青版、黄版、新赤版と装いを改めながら、合計二五〇〇点余りを世に問うてきた。そして、いままた新赤版が一〇〇〇点を迎えたのを機に、人間の理性と良心への信頼を再確認し、それに裏打ちされた文化を培っていく決意を込めて、新しい装丁のもとに再出発したいと思う。一冊一冊から吹き出す新風が一人でも多くの読者の許に届くこと、そして希望ある時代への想像力を豊かにかき立てることを切に願う。

（二〇〇六年四月）